나답게 나이 드는 즐거움

나답게 나이 드는 즐거움

자유롭고 우아한 노년을 위한
할머니 의사의 건강조언, 인생조언

류슈즈 지음 | 박주선 옮김

당신답게 늙어가길

병원에서 근무할 때 사람들이 나에게 좋은 의사라고 하면 기분이 매우 좋았다. 은퇴 후 단체 여행을 가서는 처음 만난 사람으로부터 종종 이런 말을 듣는다.

"저도 선생님처럼 나이 들고 싶어요."

내가 많이 늙었다고 생각하진 않지만 그래도 기분이 좋았다.

젊을 때부터 나는 노화라는 주제에 큰 관심을 가졌다. 이후 치매에 관한 임상 및 연구에 뛰어들었다. 나이가 들수록 신체 기관의 노화, 기능 감퇴를 실감한다. 근래 경추, 요추, 백내장 수술을 받았다. 의학적 배경지식에 개인의 경험이 더해지니 내가 알고 있는 '늙음'에 대해서 독자들과 공유하고 싶어졌다.

68세인 친구가 양손을 뻗으면 뻐근하고 손톱 근처의 관절이 조금 부어올랐다고 말했다. 나는 퇴행성 관절염일 것으로 판단했고 명절이 다가오면서 청소를 너무 열심히 한 탓에 관절에 무리가 갔으리라 생각했다. 친구는 내 말에 반박했다.

"예전에도 청소는 늘 했는데 왜 여태껏 한 번도 안 부었겠어?"

　내가 대답했다.

"늙었잖아. 이제 시작인 거지."

　그녀가 약간 기분이 상한 것 같아 말을 덧붙였다.

"사람마다 노화되는 부위가 다른데 손가락부터 노화가 시작된다니 얼마나 운이 좋아."

　장수하려면 당연히 늙는 게 먼저다. 어디서부터 늙을지 선택할 수 있다면 얼마나 좋을까.

　뇌의 노화, 기억력 감퇴, 인지기능 저하는 누구에게도 우선순위가 아닐 것이다. 그러나 흰머리는 염색하거나 그대로 놔둬도 개성을 드러낼 수 있어서 문제가 되지 않는다. 얼굴의 검버섯과 주름은 보기는 싫지만 성형외과에 가서 살짝 손보면 해결된다. 백내장으로 인해 시야가 흐릿하다면 인공수정체를 삽입하면 되고 청력이 떨어지면 불편하긴 해도 보청기를 끼우면 된다. 경추 퇴화로 인해 목이 뻐근하고 신경이 눌려 손발이 저리고 힘이 없거나, 요추 퇴화로 인한 허리 통증과 함께 신경이 눌려 발에 통증과 저린 증상이 나타나면 물론 걱정은 되겠지만 약물과 재활, 수술 요법으로 치료할 수 있다. 내장기능도 자신이 모르는 사이에 퇴화한다. 예컨대 위장의 소화 능력 저하, 운동 기능 저하로 식사량이 감소하고 신장 기능의 저하로 약물 대사가 느려지며 동맥경화로 혈압이 상승한다. 게다가 성격이 바뀌기도 하는데 고집을 피우거나 잔소리가 늘기도 하고 세상과 자신에 대한 분노가 치밀기도 하며 사람들과 가까이 지내고 싶어 하지 않는다.

나는 얼굴이 가장 마지막에 늙었으면 좋겠다. 설령 등이 굽고 동작이 느려지고 자주 깜박하더라도 얼굴이 고운 노인이 되어서 '정말 젊어 보이세요, 얼굴만 봐서는 나이를 모르겠어요'와 같은 말을 들으며 사람들의 부러움을 사고 싶다.

하지만 젊어 보이는 얼굴과 늙은 신체가 어울리겠는가? 선택할 수 있다고 해도 그다지 쉬운 일은 아니다. 과일 시장에 가보면 산처럼 쌓여 있는 각종 과일 앞에서 무엇을 골라야 할지 모르는 것과 마찬가지다. 나처럼 우유부단한 사람은 가득 쌓여 있는 오렌지 더미에서 몇 개를 골라 살핀 다음 흠집이 조금 있으면 내려놓고 다시 고르고, 색깔이 조금 파랗거나 너무 무르다면 또다시 고르고…… 이렇게 많은 시간과 에너지를 소비하지만 오히려 다른 사람이나 가게 사장님이 추천해줄 땐 아무 망설임 없이 좋다고 생각하고 받아든다.

다행스럽게도 노화의 순서 역시 우리가 굳이 선택할 필요가 없다. 대부분 일찌감치 유전자가 대신 결정해 준다. 한번은 엘리베이터에서 50대로 보이는데도 예쁜 얼굴과 반짝반짝한 피부, 가벼운 몸놀림을 가진 이웃을 만나서 진심을 담아 칭찬을 건넸다. 그녀는 기뻐하며 말했다. "우리 어머니한테 감사해야겠네요!"

나도 장수의 유전자를 물려주신 부모님께 감사해야겠다. 두 분 모두 90세가 넘은 나이에 돌아가셨기 때문이다. 부모님이 천천히 늙어가시면서 나이가 들면 질병이 자연스레 찾아온다는 것을 보여주셨기에 마음의 준비를 할 수 있었다.

물론 유전자가 모든 것을 결정하는 것은 아니다. 유전자는 여러 개의 유전자가 함께 작용한다. 그리고 우리는 환경과 생활 습관을 바꿀 수 있다. 예를 들어 자외선 차단제를 매일 열심히 바르면 얼굴에 기미가 생기는 걸 지연시킬 수 있다. 당뇨나 비만의 가족력을 가지고 있다면 과식을 주의하고 운동을 많이 하면 된다.

젊을 때는 세포와 장기가 모두 건강하고 에너지가 넘치기 때문에 질병이 금방 왔다가 금방 사라진다. 중년이 되면 에너지가 줄어들고 만성질환이 점차 나타나기 시작하지만 그 시기에 많은 중년들이 가족과 일을 위해 앞만 보고 달린다. 노년에 들어서면 일과 가정이 모두 안정되면서 가끔은 생각에 깊이 빠지게 된다. 유전자, 환경, 생활방식 그리고 기회로 얽히고설킨 반평생 동안 내가 성취한 게 무엇인가? 만족스러운가? 그럴 만한 가치가 있는가? 앞으로 뭘 하고 싶은가? 편안하고 건강하게 남은 날을 보내기만 하면 될까?

노년에는 자연스럽게 인생의 끄트머리에서 자신을 되돌아보게 된다. 올해 몇 살인지는 중요하지 않다. 현재 평균 수명(대만의 경우 남성 78세, 여성 84세)에서 자신의 유전자와 건강 상태에 따라 몇 년을 더하고 빼서 자신의 남은 생이 얼마인지 추산해보자. 73세인 나는 몇 살을 좀 더 보태면 아마도 앞으로 18년은 더 살지 싶다.

18년이라는 시간은 초등학교부터 석사학위까지의 시간과 같다. 단지 체력이 점차 떨어질 뿐이다. 직접 남은 시간을 계산해보면 마음가짐과 행동이 달라진다. 마치 박물관에 가서 앞으로 두 시간밖에 남지 않았다는 안내를 들으면 중요하고 관심이 있고 필요한 전시만 골라서 참관하게 되는 것과 같다.

18년밖에 남지 않은 인생을 생각하면 현재를 더 소중히 여기고 하루하루를 잘 계획해서 좀 더 평온하고 순조로운 노년을 보낼 수 있게 된다. 의외의 사고가 언제 찾아올지, 인생의 마침표를 언제 찍게 될지 모르기 때문에 하고 싶은 일이 있다면 우선순위에 두어야 한다.

은퇴하기 전 나는 행동이 재빠르고 에너지가 넘치며 의료 밖의 세계에 언제나 호기심이 가득했던 중년이었다. 그러다 은퇴를 하고 이후 노년의 세계의 발을 디디며 몸이 퇴화하는 것을 직접 경험하는 중이다. 어떤 부분은 순응하며 받아들이되 어떤 부분은 열심히 회복하고자 노력했다. 그리고 현재 나에게 주어진 신체기능을 소중히 여기며 언제 어떤 일이 발생할지 모르는 상황에 대한 마음의 준비를 하고 있다. 무엇보다 건강한 생활 습관을 유지하고 독서, 글쓰기를 꾸준히 하면서 좋아하는 사람들과 함께 놀러 다니는 것을 가장 중요하게 생각한다. 시간이 많을 때는 하늘에 떠가는 구름을 바라보며 나의 존재감을 느끼는 것도 퍽 만족스럽다.

차례

혼자서도 외롭지 않게

자유롭고 독립적인 인생 후반을 위하여

2장

일과 삶, 관계에서 되찾은 편안함

50부터 만들어가는 나만의 색깔

4장

당신의 뇌가 오래오래 건강하면 좋겠습니다

머리를 많이 쓰고 많이 움직이고 사람을 많이 만날 것

5장

노년에 더욱 유용한 건강 지식

30년간 노인의 뇌를 치료해온 할머니 의사의 조언

6장

다가올 세상에 대한 사유

새로운 것에 대한 호기심이 가치 있는 삶을 살게 한다

1장

혼자서도 외롭지 않게

자유롭고 독립적인 인생 후반을 위하여

쌀집 딸의 운 좋은 인생

○

어머니는 딸 둘, 아들 하나, 삼 남매를 두었지만 서른다섯, 당시로는 고령의 나이에 또다시 임신을 했다. 온 가족이 아들이길 바랐으나 나는 그 기대에 부응하지 못하고 죽을힘을 다해 어머니의 산도를 빠져나왔다. 오른쪽 머리와 뺨이 심하게 눌려 큰 소리로 울기 시작하자 입술이 한쪽으로 일그러졌다고 한다. 이웃들도 구경하러 와서 이러쿵저러쿵 떠들어댔다. "살다 살다 이렇게 못생긴 아기는 처음 보네!"

아버지는 출생신고를 하러 갈 때 내 이름을 짓는 것에는 전혀 관심이 없으셨다. 운 좋게도 가는 길에 마을의 한 병원 앞을 지나가는 바람에 그 여의사의 이름을 신고서에 적어넣었다. 그렇게 생긴 이름이 바로 '슈즈秀枝'다.

밥 먹을 때 테이블 위에 달걀이 하나밖에 없을 때면 두 언니와 나는 젓가락을 가까이 가져갈 생각조차 하지 않았다. 보나 마나 하나뿐인 아들을 위한 것이었기에. 그러나 가족의 사랑을 한 몸에 받는 오빠를 단 한 번도 부러워한 적이 없었다. 그 사랑의 대가가 바로 기대였기 때문이다. 그 기대는 자신의 성공뿐만 아니라 가문을 빛내고 대를 이어야 한다는 것이었다. 특권을 누리지는 못했지만 대신 운 좋게도 무거운 짐을 짊어질 필요도 없었다.

쌀집 운영은 두 언니가 도왔고 부모님의 관심사는 오로지 오빠의 학업뿐이었다. 나는 자연스레 부모님의 관심에서 멀어졌고 운 좋게도 그런 환경 속에서 자유를 충분히 만끽할 수 있었다. 이웃집 아이와 종일 밖에 나가 놀다 보니 몸도 튼튼해졌다.

사춘기 시절 평범한 외모에 키 작은 나를 좋아해주는 사람은 아무도 없었다. 그래서 운 좋게도 감정 소모 없이 학업에 전념할 수 있었다. 초등학교 시절부터 줄곧 공부를 잘했던 나는 오빠의 뒤를 이어 의대에 진학했고 졸업 후에는 대학병원 신경과 의사로 취직했다.

여의사가 많지 않던 시절 내가 응급실이나 병동에서 환자를 처치하고 나면 가끔 보호자들이 이렇게 물을 때가 있었다. "의사는 왜 아직도 안 오는 거죠?"

혹은 같이 회진하는 남자 의사를 주치의로, 나를 레지던트라고 오해하는 사람도 있었다. 하지만 조금도 개의치 않았다. 운 좋게도 나는 남녀차별을 겪은 적이 많아 이런 사소한 일쯤은 아무렇지도 않았기 때문이다.

나는 환자들을 아주 열심히 치료했다고 생각한다. 그리고 속으로 이렇게 생각했다. 다행히 어려서부터 쌀집에서 자라서 상대방의 의중을 잘 살피고 의사소통을 잘할 수 있었기에 임상, 교수, 연구 모두 잘 해낼 수 있었다. 제 역할을 다하는 의사로서 은퇴할 때까지 동료들과도 줄곧 좋은 관계를 유지했다.

단체 관광으로 크로아티아의 아름다운 고성에 갔을 때였다. 마침 황혼 무렵이던 그때, 60대 여성 몇 명과 함께 교회 밖 계단에 앉아 식사하러 가기를 기다리고 있었는데 한 남성이 다가와 퇴역 장교와도 같은 모습으로 꼿꼿이 서서 여성들을 향해 칭찬하기 시작했다. 귀부인 같다, 미소가 매력적이다, 눈이 아름답다, 머릿결이 곱다, 몸매가 늘씬하다, 옷차림이 고상하다 등의 칭찬을 늘어놓았다.

내 차례가 되자 노신사는 딱히 칭찬할 거리를 찾지 못하는 듯 머뭇거리다 겨우 한마디를 내뱉었다. "머리가 정말 좋으시네요!"

나는 정말 기뻤다. 이 신사분이 나의 장점을 제대로 짚어 낸 것이었다. 머리가 좋다는 것은 똑똑하다거나 학식이 깊다는 의미이기도 하지만 생각을 유연하게 전환할 수 있다는 의미도 된다. 그 노신사의 말처럼 나는 언제나 운이 좋은 쪽으로 생각의 방향을 잡으며 살아왔다.

나는 자유로운 할머니

○

70대인 친구가 나를 찾아와 불만을 토로했다. 수술을 받으려고 입원했는데 수술 하루 전날, 의사가 자신에게 다른 질환이 있는지 이것저것 자세히 물으면서 수술의 위험성에 관해 설명해주었고 자신이 이에 하나하나 성심껏 대답했다고 했다. 그런데 의사가 마지막으로 수술 동의서에 서명해야 한다면서 이제껏 아무 말 없이 듣고만 있던 아들에게 동의서를 내밀었다는 것이었다. 그래서 자신이 얼른 동의서를 가로채 서명한 뒤 의사에게 건넸다고 한다. 그는 투덜대며 말했다.

"내가 늙어서 말도 못 알아듣고 제대로 된 결정을 못 한다고 생각해서 그랬을까? 하지만 처음부터 마지막까지 대화를 나눈 사람은 나였는데 말이야!"

한번은 시내의 한 조명가게에 들렀다가 귀여운 전등 갓을 발견하고 내가 말했다.

"머쉬룸 모양이 정말 귀엽다."

그러자 직원이 깜짝 놀라 나를 보며 말했다.

"영어를 잘 아시네요!"

칭찬으로 한 말이었겠지만 흰머리가 무성한 노인은 영어를 모를 것이라는 고정관념에서 나온 칭찬이었다. 악의 없이 한 말이었기에 그저 웃어넘겼다.

며칠 전 혼자 택시를 타고 나가 강가를 거닐다가 그만 길을 잃었다. 둘러보니 길가에서 할머니 한 분과 아주머니 한 분이 이야기를 나누고 있었다. 나는 너무나 자연스럽게 아주머니에게 다가가 길을 물었다. 하지만 잘 모른다는 대답이 돌아왔고 오히려 할머니가 제대로 된 길을 알려주었다.

칠십이 넘은 나 역시 노인에 대한 편견 때문에 무의식적으로 할머니가 모른다고 생각한 걸까? 나 같은 노인도 노인을 이렇게 생각하고 있는 걸 보면 보통 사람들이 노인에 대해 고정관념을 갖는 것을 이해하지 못할 것도 없다.

인생의 단계는 영유아, 어린이, 청년, 중년, 노년으로 넘어가게 된다. 어느 정도 겉으로 보이는 부분이 커서 내가 어느 단계에 와 있는지 내 옆에 있는 사람은 바로 알 수 있다. 팬데믹 때는 옷을 젊어 보이게 입고 모자와 마스크를 쓰면 주름과 흰머리가 가려지리라 생각했다. 그리고는 지하철에 아주 가뿐하게 올라탔는데 한 젊은이가 곧바로 일어나 내게 자리를 양보했다.

나이는 우리의 외모, 동작, 태도에서 드러날 뿐만 아니라 흔한 질병에서도 드러난다. 예를 들어 어린아이들이 쉽게 걸리는 병이 있듯이 젊은 사람들은 자가면역질환이 쉽게 발생하며 노인들은 노화로 인한 문제가 생길 수 있다. 그래서 소아과, 소아·청소년과 그리고 노년의학 등의 분과로 나뉜다.

같은 질병에 걸리더라도 연령대에 따라 증상, 약물의 용량, 치료 효과 등이 각기 다르다. 병원에서 케이스 스터디를 진행할 때 보고자가 반드시 환자의 나이를 가장 먼저 말하는 이유다.

인생의 단계마다 누릴 수 있는 것과 누릴 수 없는 것이 있다. 늙는다는 것은 자연스러운 생리현상이다. 나이가 들수록 시력이 나빠지고 흰머리가 나며 이가 흔들리고 머리 회전이 예전 같지 않지만 대신 연륜과 지혜를 얻게 된다. 건강한 생활습관을 유지해왔다면 생리적, 심리적 나이가 실제 나이보다 젊을 수 있다.

사람마다 노화의 속도, 노화가 진행되는 기관 그리고 노화에 대한 적응력이 다르므로 노화 현상을 획일적으로 바라볼 수 없다. 때문에 늙는다는 것이 노쇠하고 병약해진다는 의

미만은 아니다.

나는 나이가 들었어도 많이 움직이고 조깅도 한다. 책, 신문, 잡지 등을 읽고 최신 디지털기기를 사용하는 것에도 꽤 익숙하다. 시대의 흐름을 따라가기 위해 인터넷 서핑을 즐기며 깔끔하고 단정한 옷차림에 신경을 쓴다. 그럼에도 불구하고 다른 사람 눈에는 영락없는 노인일 것이다. 내가 노인인 것은 맞는 사실이다. 하지만 그냥 노인이 아니라 자유롭고 독립적인 노인이다.

나이 앞에서 위축되지 않기 위한 비장의 카드가 있다. 바로 마음가짐이다. 늙어간다는 사실을 있는 그대로 받아들이고 긍정적으로 생각하는 마인드를 갖는 것이다. 지하철에서 자리를 양보받는 것도 서운해하지 말고 타인의 존중과 배려이기에 감사히 받아들여야 한다.

각종 경로 우대 정책을 살펴보면 노인은 공공버스나 지하철은 무료로 이용할 수 있고 기차와 고속철도 요금은 할인을 받을 수 있으며 다수의 박물관과 미술관도 무료로 관람할 수 있다. 나는 이 모든 혜택을 기쁘게 누리고 있다. 절대 노인의 경제력에 대한 차별이라고 생각하지 않는다.

사람들의 편견이나 고정관념에 대해 분노하지도 일일이 대응하지도 않는다. 세상일이 내 일이라고 생각하지 않기 때문이다. 인생은 짧다. 그러므로 귀중한 시간과 제한된 에너지를 써야 할 곳과 소중한 사람에게 쓰자. 수술 동의서를 자신이 아닌 아들에게 내밀었다는 의사에게 화를 냈던 친구에게도 나는 웃으며 말했다.

"그 의사는 그저 네 아들도 동의서를 읽어봐야 한다고 생각했을 거야. 동시에 너의 단호하고 똑 부러진 모습에 모든 노인이 똑같지는 않다는 인상을 받았겠네. 앞으로는 노인을 대하는 태도가 달라질지도 모르지!"

태도가 노년의 삶을 결정한다

。

지하철에 올라타자마자 경로석에 앉아 있던 한 노신사가 일어나 내게 자리를 양보했다. 겉보기에 내 또래로 보였고 동작도 그다지 재빠르지 않았지만 그의 신사다운 매너에 꽤 감동하였다. 그에게 감사 표시를 하면서 얼른 덧붙였다.

"한 정거장만 가면 내려요, 괜찮습니다."

그분은 그제야 자리로 돌아가 앉았다.

'머리 염색을 안 했더니 내가 그렇게 늙어 보였나?'

최근 여러 편의 국제 학술지 논문에서 읽었던 내용이 머릿속에서 떠나지 않았다. 다른 사람이 보는 나, 내 감정 그리고 실제 나 사이에는 항상 차이가 있다는 내용이었다. 일반적으로 나이 든 사람들은 남들이 비교적 늙었다고 생각하는 반면 자신은 비교적 젊게 느끼며 실제 나이보다 두세 살 이상 적다고 생각한다. 그 신사분도 분명 자신이 젊다고 생각해서 자리를 양보했을 것이다.

2015년 《미국 의사협회지JAMA》에 실린 논문에 따르면 사람들은 자신의 나이보다 몇 살 어리게 생각한다. 영국에서 진행한 장기 노화에 관한 연구에서 평균 연령 66세의 지역 주민 6,489명을 대상으로 '당신은 자신이 몇 살이라고 생각하나요?'라는 설문을 실시했더니 조사 대상자의 70%가 자신을 실제 나이보다 최소 세 살 정도 젊다고 생각했고 25%가 실제 나이와 비슷하다고 생각했다. 고작 5%만이 자신이 실제 나이보다 늙었다고 생각했다.

8년간의 추적 조사 끝에 연구진은 나이, 성별, 인지기능, 우울증, 신체 건강 상태 등의 요소를 고려해 통계 분석한 결과 스스로 젊다고 생각하는 사람에 비해 스스로 늙었다고 생각하는 사람의 사망률이 41% 높았고 심혈관질환의 발병률도 높다는 사실을 발견했다.

이것으로 볼 때 '스스로 젊다고 생각하는 것'은 기분을 좋게 만들 뿐만 아니라 향후 사망률도 감소시킬 것으로 예상할 수 있다. 이러한 사람들은 강인한 성격과 자신감으로 노년의 삶에 당당히 직면하고 평소에도 자신과 마찬가지로 스스로 젊다고 생각하는 사람들과 주로 어울릴 가능성이 크다.

미국 국립 노화연구소에서 진행한 '볼티모어 노화 종단

연구'는 1968년부터 2007년까지 386명의 건강한 18~49세(평균 37세)의 사람들을 추적 조사한 프로젝트다. 참가자들에게 연구 시작 단계에서 설문을 통해 노년에 대한 견해를 평가했다. 예를 들면 '노인은 아무런 도움이 되지 않는다' '노인에 대해 큰 관심이 없다' 등 총 여섯 가지 문항으로 된 설문이었는데 점수가 평균보다 높으면 부정적인 견해, 낮으면 긍정적인 견해로 간주했다.

38년간의 추적 조사 결과, 노년에 대해 부정적인 사람들은 심혈관질환(중풍 포함)이 처음 발병하는 비율이 25%에 달했고 긍정적인 사람들은 13%에 불과했다. 연구진은 노년에 대한 부정적인 시각이 일종의 만성 스트레스와 같으며 이는 간접적으로 심혈관질환을 유발했다는 추론을 내놓았다.

누구에게나 장수의 기회가 주어지는 것이 아니기에 늙을 때까지 살 수 있다는 자체가 행복이라 할 수 있다. 나이가 들면 비록 외모가 바뀌고 체력이 약해지고 만성질환에 걸리고 소득이 줄고 친구들이 하나둘 떠나가지만 동시에 인생의 경험과 지혜가 풍부해지고 삶의 속도를 늦춰 새로운 것을 배우거나 제2의 인생을 펼칠 수 있다.

노년도 계속해서 성장해가는 과정이다. 인생은 봄에 밭을 갈고 여름에 작물을 심고 가을에 수확하고 겨울에 저장하는 사계절과 같다. 젊은 시절에 노력해서 일구어온 것들을 나이가 들면서 축적하는 것이다. 무병장수만을 꿈꾸기보다 병에 걸리면 적극적으로 치료하고 병에 걸리지 않았으면 건강한 생활습관을 유지하면서 최상의 컨디션으로 활기차게 살아가면 된다.

따라서 젊을 때 노년을 긍정적으로 생각한다면 저절로 적극적이고 늘 성장하며 건강하고 활기찬 노년의 길로 접어들게 될 것이고 부정적으로 생각한다면 원치 않는 결과를 초래할 것이다. 결국 당신이 노년의 삶을 보는 태도가 당신의 노년을 결정한다고 할 수 있다.

건강하게 나이 들기 위한 세 가지 방법

。

2019년 대만 내정부(한국의 행정안전부에 해당하는 정부 부처-옮긴이)가 발표한 국민의 평균 수명은 81세로(남성 78세, 여성 84세) 역대 가장 높았다. 2020년 6월 대만의 65세 이상 인구 비율은 15.7%인데 지속해서 상승하는 추세다. 이로 보아 장수는 현대사회에서 그다지 문제가 되지 않는다. 어떻게 건강하게 늙느냐, 즉 건강수명이 중요하다.

건강수명을 늘리기 위해서는 심신의 건강 말고도 중요하게 생각해야 할 부분들이 많다. 2020년 2월 4일에 발행한 《미국의학잡지》에 실린 한 논문에서 〈21세기 장수 처방〉이라는 문헌을 인용해 건강한 노년을 위한 다음의 세 가지 방법을 제시했다.

건강수명을 늘리는 첫 번째 방법은 목표를 가지는 것이다.

미국 정부 지원을 받아 미시간대학교가 수행하는 종단 연구인 '건강과 은퇴 연구(HRS)'에서는 평균 연령 68세인 6,785명을 대상으로 행복 지수에 관한 설문을 시행했다. 이들이 삶의 목표가 있는지 알아보기 위해 '삶의 목표가 없는 사람들도 있지만, 나는 그렇지 않다'와 같은 7가지 질문을 했다. 점수가 높을수록 삶의 목표가 뚜렷한 것을 의미한다.

4년 후, 이 연구를 통해 점수가 가장 낮은 사람의 사망률이 점수가 가장 높은 사람보다 2.43배 높다는 사실이 발견되었다. 이것으로 볼 때 삶의 목표를 갖는 것이 건강에 도움이 된다고 할 수 있다. 어떤 메커니즘에 의한 것인지는 밝혀지지 않았으나 아마도 혈중 코르티솔(cortisol, 급성 스트레스에 반응해 분비되는 물질로 스트레스에 대항하는 신체에 필요한 에너지를 공급해주는 역할을 한다-옮긴이)과 염증 유발 세포 호르몬의 농도 저하와 관련이 있을 것이다.

누구나 어린 시절 나의 꿈에 관한 글을 써본 적이 있을 것이다. 노년에도 목표가 있어야 의미와 가치가 있는 삶을 살아갈 수 있다. 원대한 목표가 필요한 것은 아니다. 자원봉사를 지원한다거나 지역의 대학을 간다거나 악기, 도예, 글짓기, 그림, 댄스스포츠 같은 취미도 충분히 목표가 될 수 있다. 손주를 돌보는 것도 스스로 즐거움을 얻고 자식들에게 도움을 준다는 보람을 느낀다면 괜찮다. 이처럼 새로운 분야에 도전하면서 본인의 시야를 넓히고 성취감을 얻을 수 있다.

두 번째 방법은 대인관계를 유지하는 것이다. 사교활동은 정신적 스트레스를 해소하거나 다양한 인맥으로부터 도움을 받을 수 있어 건강관리에 도움이 된다. 사람은 사회적 동물이므로 가까운 사람들의 도움과 관심이 필요하며 소속감을 느껴야 외롭거나 우울하지 않을 수 있다.

오랜 직장생활 동안 주로 동료들과 가까이 지내다 보니 은퇴 이후에야 자신이 친구가 없다는 사실을 깨닫는 경우가 있다. 젊을 때 자신의 흥미나 필요에 따라 다양한 동호회에 가입하는 것도 방법이다. 동호회 회원들은 직업이 다양하고 이해관계가 없어서 함께 늙어갈 수 있을 뿐만 아니라 새로운 사람이 들어오면 내가 모르는 다양한 정보를 알 수 있게 된다.

마지막 세 번째 방법은 아무리 강조해도 지나치지 않은 건강한 생활습관이다.

미국 시카고에서 진행한 '기억과 노화 연구(MAP)'에서 평균 81세의 치매를 앓지 않는 노인 921명을 대상으로 추적 조사한 결과, 6년 뒤 220명이 알츠하이머병 진단을 받았다는 사실을 발견했다.

연구는 플라보놀flavonols 섭취량이 높은 사람이 낮은 사람보다 알츠하이머병에 걸릴 확률이 48% 낮은 것을 알아냈다. 플라보놀은 찻잎이나 양배추, 시금치, 콩꼬투리, 콜리플라워, 귤, 토마토, 배 등 다양한 채소 및 과일에 함유되어 있다.

건강한 생활습관이란 금연과 적당한 음주, 적극적인 뇌 운동과 신체 운동, 여기에 다양한 여가활동을 즐기고 과일과 채소를 많이 섭취하며 충분한 수면을 취하는 것 등을 말한다. 모르는 이는 없지만 지키는 이는 많지 않은 게 바로 건강한 생활습관이다. 노년에 지키는 생활습관은 건강관리의 기본이자 면역력 증강과 알츠하이머병 예방에 도움이 된다.

중년 이후 혼자 사는 즐거움

o

친구 세 명과 식사하며 이야기를 나누는 자리를 가졌다. 그중 78세인 한 친구는 남편상을 치른 지 100일 정도 됐다. 친구는 남편의 갑작스러운 죽음으로 큰 고통과 상실감을 겪었다. 다행히 결혼해서 가정을 이룬 자식들의 도움으로 장례식이나 세금 등의 문제를 해결하였고 여러 해 동안 불공을 드리며 수양했던 것이 마음을 평온하게 가라앉히는 데 도움이 되어 천천히 혼자만의 삶을 시작할 수 있게 되었다.

그는 혼자 장을 보러 가는 것 외에도 가끔 나와 함께 교외로 놀러가거나 홀로 지하철이나 버스를 타고 하이킹하러 가기도 했다. 한 번씩 야시장에 들러 완자 요리나 새우 수프를 사 먹으며 예전에 남편과 먹었던 추억을 회상하기도 했다. 몇 년 동안 활동했던 골프 모임에 돌아가 다시 운동을 시작했다.

최근에 교회에서 개설한 일본어 수업에 등록했는데 같이

수업을 듣는 학생들 대부분이 나이가 지긋한 사람들이었다. 선생님이 일본어로 질문을 던졌다.

"이번 중추절(중국의 추석-옮긴이)은 어떻게 보낼 계획인가요?"

배우자와 사별하고 자식들은 모두 해외에 나가 있는 한 남자분이 말했다.

"친구와 노래방에 갈 겁니다."

이번엔 칠순이 넘은 혼자 사는 여자분이 말했다.

"혼자 지하철 타고 단수이淡水에 달 구경하러 갈 거예요."

하나같이 센스 있고 쿨한 모습이었다.

고령화와 저출산이 심화하면서 결혼이나 이혼, 또는 사별 여부와 상관없이 혼자 살 확률이 점점 높아지고 있다. 앞으로 혼자 살게 될지도 모를 날을 위해 틈틈이 준비를 해두는 것이 필요하다.

혼자 살기 위한 첫 번째 요건은 일상생활에서 남의 손을 빌리지 않는 것이다. 노인에게 건강하다는 것은 아무런 병에 걸리지 않는 것이 아니라 질병과 잘 공존하는 것이다. 예컨대 고혈압 등의 만성질환이 악화하지 않게 잘 조절하면서 좋은 신체 컨디션을 유지하는 것처럼 말이다.

노년에 건강하려면 젊을 때부터 균형 있는 식사와 규칙적인 신체 및 두뇌 운동, 그리고 밤을 새우지 않는 것처럼 몸을 피곤하지 않게 하는 노력이 필요하다.

고립되지 않도록 느슨하더라도 인간관계를 유지하는 것도 필요하다. 젊었을 때부터 꾸준히 활동해온 동호회라면 계속해서 참여하는 것이 좋다. 목적이 취미든 봉사활동이든 신앙이든 상관없다. 소셜 네트워크에 연결을 시켜주는 가장 안전하고 좋은 방법이다.

노년층을 대상으로 하는 지방 공공기관이나 지역 대학의 다양한 커리큘럼을 활용하는 것도 추천한다. 눈높이에 맞는 새로운 공부 주제를 찾을 수 있을뿐더러 새로운 친구도 사귈 수 있다. 예전에 지역 대학에서 '유적 탐방 철도 여행'이라는 수업을 들었는데 젊은 학생들과 완행열차를 타고 여행하면서 새로운 것을 많이 배웠을 뿐만 아니라 몸과 마음이 즐거운 경험을 할 수 있었다.

나이가 들면 부모님이 안 계시고 형제들은 마찬가지로 늙고 자식은 한창 먹고살기 바쁘다. 이때 가장 필요한 사람이 바로 친구다. 우리 주변에는 여러 형태의 친구가 있다. 오랫동안 사귀어 서로 모르는 게 없는 절친, 아프거나 필요할 때 기꺼이 도움을 주는 친구, 여행, 맛집, 골프, 독서 등 취미가 같은 몇몇 친구들, 인터넷상의 친구 등……. 이들은 모두 우리의 삶을 윤

택하게 만들어주며 혼자 살더라도 외롭지 않도록 해주는 존재다. 오래된 친구도 좋지만 새로운 친구도 사귀어야 생각의 폭을 넓히고 새로운 시각을 가질 수 있다.

노년을 앞두고 준비해야 할 것들

。

최근에 백내장 제거 및 인공수정체 삽입술을 받았다. 수술은 순조롭고 성공적으로 이루어졌다. 이 과정에서 느낀 점들을 공유하고자 한다.

평생 비혼으로 살아온 나는 독립적이고 혼자 사는 즐거움을 누리며 산다. 먹고 싶으면 먹고 사고 싶으면 사고 살 집이나 직업도 내 마음대로 선택할 수 있다. 심지어 방이 아무리 어질러져 있어도 누구의 눈치를 보거나 동의를 구할 필요가 없다. 자녀의 학군을 고려할 필요도 없고 고부갈등은 말할 것도 없다. 의사로 일해온 덕분으로 경제적으로 남에게 의지할 필요도 없기에 죽을 때까지 이렇게 자유롭게 늙어갈 수 있다고 믿는다.

혼자이기에, 기댈 데가 없기에, 더욱 독립적이고 자주적이어야 했기에, 강해져야 한다고 생각했다. 삶에 방해물도 없고 대가를 치러야 할 일도 없었기에 어떠한 보답이나 보상이 필요하지 않았다. 그렇기에 더더욱 다른 사람의 도움을 당연시하지 않았고 오히려 감사하게 생각했다.

하지만 점차 나이가 들면 신체 기관이 낡은 자동차 부품처럼 하나둘씩 고장나 수선하거나 바꿔야 하는데 이런 고장이 심장병, 뇌졸중 그리고 암으로 이어질 가능성도 있다.

의학이 아무리 발달하고 건강보험료 지원이 있다 하더라도 결국은 곁에서 돌봐줄 사람이 필요하다. 경제적으로 여유가 있다면 집에서 돌봐줄 사람을 고용하거나 장기 요양원 또는 요양 시설에 들어갈 수 있다. 어찌 되었든 간에 누군가의 도움이 필요하다는 뜻이다.

나와 비슷한 나이대의 친척 중 대부분은 나보다 나이가 많아 남을 돌볼 겨를이 없고 나보다 어린 사람들은 아직 일이 바쁘거나 자신의 부모를 돌보기에도 빠듯하다. 바로 이때가 친구가 필요한 시점이다.

백내장 수술을 마치자마자 눈을 아예 안대로 덮어버렸다. 나머지 한쪽 눈은 시력이 나빴지만 안경을 쓸 수가 없어 눈앞이 흐릿했다. 다행히 한 친구가 시간을 내어 병원에 함께 와주었고 수술이 끝날 때까지 기다렸다가 함께 다른 건물에 있는 원무과에 가서 수납하고 약을 받아왔다. 나를 부축해 택시를 타고 집에 데려다준 뒤 수술 후 주의사항을 읽어주었다.

친구는 이틀 뒤 아직 안대를 쓰고 있는 나를 데리러 와서 함께 안과 진료를 보러 갔다. 그리고 수술 후 무거운 물건을 들 수 없는 나를 위해 시장에서 며칠 분의 과일까지 사다 주어서 큰 감동을 받았다.

사람은 사회적인 동물이므로 제아무리 독립적이라 해도 사회적으로 고립되지 않아야 활기차고 건강하게 살아갈 수 있다. 2018년 《인지과학트렌드Trends in Cognitive Sciences》에 실린 우정을 분석한 논문에 따르면, 보통 사람의 친구 그룹에는 약 150명 정도가 있으며 시간과 에너지의 40%를 그중 가장 가까운 관계의 그룹에 속한 5명에게 사용하고 20%는 두 번째로 가까운 10명에게 사용한다. 결국 한 사람의 친한 친구는 보통 15명 내외라는 것이다.

당신도 한번 세어보라. 친구가 몇 명 있는가? 그중 함께 병원에 가줄 사람은 몇 명이나 있는가?

얼마 전 나보다 몇 살 아래인 옛 동료와 만나 이야기를 나눴다. 은퇴 후 혼자 사는 그 친구는 최근에 이사한 집을 병실처럼 꾸몄다고 했다. 나는 너무 궁금한 나머지 실례가 되는 줄 알면서도 구경시켜 달라고 했다. 아니나 다를까 욕실 바닥은 미끄럼 방지 처리가 되어 있었고 변기 양쪽에는 잡고 일어설 수 있도록 손잡이를 달았다. 훗날 혹시 사용하게 될지도 모를 휠체어도 드나들 수 있도록 통로까지 마련되어 있었다.

채광이 좋은 널찍한 공간이 거실과 안방으로 나뉘어 있었다. 1인용 전동침대는 예쁜 침대 시트와 쿠션으로 포근함을 더했다. 그리고 자동으로 켜고 꺼지는 전등이 설치되어 있어 밤중에 화장실 이용이 편리해 보였다.

침대맡의 작은 테이블 위에는 작은 응급호출기기와 휴대할 수 있는 버튼이 있어 응급 상황이 발생했을 때 버튼만 누르면 도움을 받을 수 있도록 했다. 전문간호사였던 사람다웠다. 철저한 준비의 롤모델로 느껴졌다.

아무리 절친이라 해도 매일 만날 수는 없는 법. 고맙게도 스마트폰 문자나 채팅으로 언제든지 연락할 수 있다. 어떤 단톡방은 서로 별로 친하지도 않고 심지어 만나본 적도 없지만 활발한 대화를 통해 소속감을 느낄 수 있다.

사실 나는 단톡방에 매일 아침저녁으로 글귀가 써진 사진을 올려 안부를 묻는 일명 '어르신 짤'을 대수롭지 않게 여겼다. 어르신 짤이 자꾸 올라올수록 대화창의 공간을 많이 차지해 가끔 중요한 정보를 놓친다고 생각했다.

그러나 최근 한 독거노인이 집에서 숨진 지 며칠이 지나서야 발견되었다는 쓸쓸한 소식을 들었다. 그러고 보니 핸드폰 대화창에서라도 노인들이 매일 출근 도장을 찍을 수 있는 공간을 마련하는 것이 이들에게 안정감을 줄 수 있겠다는 생각이 든다.

좋은 친구의 힘

。

의사로 일해오며 독립적이고 경제력이 있었기에 스스로 현대
사회의 일하는 싱글 여성이라고 자부해왔다. 그렇게 화려하고
꽃다운 시절을 보내고 70대에 접어들자 문득 독거노인이 되었
다는 사실을 깨달았다.

물론 혼자 산다고 해서 반드시 외로운 것은 아니다. 여러
개의 단톡방 말고도 실제로 만나는 친구도 많다. 이들과 함께
하이킹이나 여행을 가고 맛집을 찾아다니고 함께 책을 읽거나
글을 쓰기도 하는 등 다채롭고 충실한 삶을 살고 있다.

하지만 당신도 늙으면 알게 되겠지만 세포가 이상 증식해
암으로 변하거나 신체 기관이 잇달아 손상되고 퇴화할까 봐
걱정되는 것은 어쩔 수가 없다. 나는 매일 잠자기 전 자신에게
이렇게 말한다.

"온몸의 세포와 장기들아, 내가 열심히 운동하고 음식도

골고루 먹고 있으니까 잘 좀 봐줘. 절대 이상 증식이나 퇴화 같은 잘못된 길로 가면 안 돼."

얼마 전에는 오래 걸었더니 처음에는 허리가 시큰하고 꼬리뼈 쪽이 화끈거리고 발바닥이 저리던 증상이 점차 허벅지까지 올라와 가만히 서 있기만 해도 저렸다. 천천히 걸을 수조차 없어 앉아서 몇 분간 휴식을 취한 뒤에야 나아졌다.

병원에서 검사를 받고 난 뒤 3, 4, 5번 요추 추간판이 탈출해 요추관 협착증과 간헐성 파행증이 생겼다는 사실을 알게 됐다. 진통제를 복용하고 3개월간 재활 치료를 받았지만 증상이 계속 심해져서 걸으면 거의 6분마다 허리가 아프고 하반신이 저린 증상이 조금도 나아지지 않았다.

이러한 증상이 삶의 질을 심각하게 떨어트렸기 때문에 결국 수술 치료를 받기로 했다. 유명한 의사를 수소문하던 중 여러 친구들이 입을 모아 추천한 의사가 있어 그를 찾아갔다. 그 의사가 수술에 대해 아주 간단명료하게 설명하고 나자 나는 확신이 드는 동시에 마음이 한결 놓여 물었다.

"저는 혼자 사는데 수술 후에 돌봐줄 사람이 필요한가요?"

의사가 대답했다.

"힘든 집안일을 해야 하는 게 아니라면 굳이 필요 없습니다."

수술 날짜를 정하고 나서 독거노인이 마땅히 해야 할 수술 전, 도중 그리고 수술 후에 필요한 준비를 하였다.

독립적이고 자주적인 환자가 되기 위해 수술 전에 몇 가지 숙제를 해야 했다. 우선 수술 후 병상에 누워 있을 때 머리가 덥수룩해지지 않게 하려고 머리를 잘랐다. 욕실에는 새로 산 미끄럼 방지 패드를 붙여 욕실에서 넘어지는 비극이 발생하지 않도록 했다. 무거운 물건을 들 수 없었기 때문에 시리얼, 과일, 음료, 냉동식품 등을 매일 조금씩 사다 놓았고 화장지도 미리미리 사두었다. 마지막으로 친구에게 시간 맞춰 퇴원을 도와달라고 부탁했다.

수술에는 반드시 리스크가 따른다. 어쩌면 앞으로는 나들이하러 가거나 골프를 치지 못할 수도 있다. 그래서 수술 전, 항상 함께했던 하이킹 파트너에게 양해를 구하고 혼자서 양밍산에 가서 꽃 구경을 하며 아름다운 대자연을 향해 말없이 고마움을 전했다. 그리고 골프 동호회의 중부 투어에 참가해 한 샷 한 샷을 소중히 쳤고 회원들에게 6개월 뒤에 다시 만나자는 인사도 전했다.

수술실에 들어가고 나면 혹시 모를 응급 상황을 대비해 수술실 밖에서 가까운 누군가가 기다려주는 것이 좋다. 15년 전 처음으로 수술을 받았을 때 나보다 열한 살 많은 둘째 언니가 밖에서 기다려줬다. 언니는 현재 중증 치매에 걸렸다.

7년 전에는 올케언니와 사촌 여동생이 함께 있어주었다. 그러나 지금 새언니는 여든이 다 되었고 사촌 동생은 손주를 돌보느라 바쁘다. 다행히 이번에는 중년이 된 조카가 선뜻 하루 휴가를 내주는 바람에 걱정을 덜었다.

모든 준비를 마치고 작은 옷가방 안에 길이 조절이 되는 지팡이를 챙겼다. 그리고는 혼자서 아주 침착하게 병원에 가서 입원 수속을 하고 다음 날에 있을 수술을 기다렸다.

내가 받기로 한 요추 최소절개술은 신경감압, 골유합 그리고 금속 내고정을 모두 포함한 수술이었고 다행히 성공적으로 이루어졌다. 수술 다음 날, 의사가 시키는 대로 허리 보조기를 차고 침대에서 내려와 보행 보조기를 짚고 몇 발짝 걸어보았다. 곧이어 보행 보조기 없이도 얼마간 걸을 수 있었다. 꼬리뼈와 두 발이 조금도 저리지 않았다.

입원 기간 동안 간병인을 고용했고 병원식이 나와서 생활하는 데 어려움이 없었다. 마침 코로나 확산이 매우 심각해져 병원에서 방문객의 출입을 철저히 차단했기 때문에 지인들이 병문안을 오지 않을 이유가 충분했고 나도 소변줄을 뽑거나 링거를 바꾸거나 몸을 닦을 때 친구의 갑작스러운 방문으로 민망할 수 있는 상황을 피할 수 있어서 마음이 편안했다.

한 간호사는 내가 퇴원하고 나면 돌봐줄 사람이 없을까 봐 장기 돌봄 서비스를 신청하거나 친척 집에 머무르거나 단기 입주 간병인을 고용하라고 여러 차례 권했다. 그래서 하마터면 집에서 혼자 요양하겠다는 나의 확고한 신념이 흔들릴 뻔했다. 다행히 수술 후 4일째 되던 날 퇴원하면서 친구에게 집에 데려다 달라고 했던 원래 계획을 바꾸지 않았다.

역시 집이 최고지. 컴퓨터와 책도 있고 드라마를 정주행할 수 있는 TV도 있다. 작지만 익숙한 공간에는 모든 물건이 손 닿을 곳에 놓여 있다. 화장실도 침대에서 몇 걸음만 가면 되고 새로 설치한 미끄럼 방지 패드가 있어 넘어질 일도 없다. 핸드폰을 항상 곁에 두고 있어 언제든지 응급 호출이 가능했다.

익숙하고 안전하며 편안한 집에 돌아오니 푹 쉴 수 있었다. 다음 진료 전까지의 열흘 동안 조급해하지 않고 조금씩 걸으면서 몸을 서서히 회복시키기만 하면 되었다. 마침 코로나 때문에 외출을 삼가야 하는 시기라서 답답하거나 심심하지도 않았다.

예전에 경추 수술을 받았던 터라 무거운 짐을 들 수 없었던 나는 입원 전에 개미가 집을 옮기듯 먹을거리를 조금씩 사다 놓았고 냉장고 안은 냉동식품과 과일로 가득 차 있었다. 다만 수술 후 허리를 굽히지 못해 냉장고 아래 칸에 있는 음식을 꺼낼 수 없을 거라고는 예상하지 못했다. 그리고 허리 뒤쪽 수술 부위에 드레싱을 할 때도 누군가의 도움이 필요했다.

정말 고맙게도 세 명의 절친들이 곧바로 수시로 연락을 취하며 나를 도와주었다. 모두 나보다 젊고 열성적이며 유능했고 주변 사람을 돌본 경험까지 있는 친구들이다. 은퇴한 이들은 다들 돌봐야 할 가정이 있음에도 불구하고 선뜻 시간을 내주었다. 이들은 나에 대해 너무 잘 알고 있어서 언제나 내 취향과 편의를 배려해서 도움을 주었다. 환자에게 좋지 않은 것을 단호하게 말할 때도, 아픈 내가 상심할까 봐 상냥하고 친절하게 말할 때도 나는 모든 게 그저 고마웠다.

세 친구는 2~3일에 한 번씩 돌아가며 우리 집에 먹을거리를 채워주었고 허리 뒤쪽의 수술 부위를 소독하고 드레싱해주었으며 일상생활의 소소한 부분들까지 챙겨주었다. 그리고 상처 부위가 젖으면 안 되기 때문에 젖은 수건으로 등을 닦아주고 드라이 샴푸로 머리를 감겨주고 빗겨주었다.

친구가 농담조로 말했다.

"같이 온천도 여러 번 간 사이인데 부끄러운 척하지 마."

다른 친구들도 몇 번씩이나 도와주겠다거나 음식을 갖다주겠다는 연락을 주었지만 친구들의 호의가 너무 아까워서 한 번에 다 써서는 안 된다는 생각이 들어 다음에 필요하면 부르겠다고 했다. 친구들의 친절한 배려 덕분에 냉동실에는 1인분씩 포장된 닭고기탕, 소고기 카레밥, 고기 조림, 채소 스튜, 고구마탕, 만두, 크루아상 등 음식으로 꽉 찼다. 전자레인지에 간단히 돌리기만 하면 먹을 수 있도록 포장된 채로 말이다.

친구들은 나의 휴식을 방해하지 않으려고 약속이나 한 듯이 전화가 아닌 메시지나 이메일로 연락을 했고 내가 부르기만 하면 언제든지 도와주겠다고 말해 마음이 정말 따뜻해졌다. 이렇게 의지할 수 있는 친구들이 있다는 사실에 마음이 든든하다.

어릴 때부터 친구들을 부르기 좋아했던 나는 어머니에게 자주 핀잔을 들었다.

"넌 어떻게 된 게 가족보다 친구를 더 중요하게 생각할 수 있니?"

자라면서 다양한 친구들을 사귀었고 잘 맞으면 자연스레 오랫동안 관계를 유지했다. 일이 한창 바쁠 때는 연락에 소홀했던 적도 있었지만 은퇴 이후 오랜 친구들과 다시 연락하게 되었다. 새로운 친구도 다양한 기회를 통해 사귈 수 있었다. 서로 마음이 잘 맞고 취미가 같아서 사귀게 되었던 친구

들인데 나이 들어서 이토록 귀중한 자원이 되리라고는 생각
지도 못했다.

어떻게 이별해야 할까?

○

여러 장례식에 가보았지만 가장 기억에 남고 가장 울림이 있었던 건 60세에 세상을 떠난 친한 친구의 장례식이었다. 빔프로젝터에 띄운 첫 번째 영상은 그녀가 암에 걸린 이후 항암치료를 받느라 머리를 민 모습의 사진들이었다. 환자복을 입고 링거를 꽂은 친구 곁에는 자상한 남편이 있었다. 그녀의 결연한 눈빛과 용감하고 털털한 모습이 마음을 울렸다.

영상은 그녀의 마지막 순간부터 앞으로 거슬러 올라갔다. 직업적 성공, 수많은 제자들, 다복한 가정, 해외 유학, 공부를 유독 잘했던 귀여운 소녀의 모습까지⋯⋯. 빠르게 지나가는 사진들이 마치 타임머신처럼 그녀가 걸어온 멋진 인생을 보여주었다.

장례식이 끝난 뒤 한 친구는 감동한 듯 나에게 말했다.

"평소에 사진을 많이 찍어놔야 장례식이 풍성해지겠다.

나중을 위해서 한 살이라도 젊을 때 예쁜 영정 사진 한 장 찍어놔야겠어."

나는 마음속으로 이런 생각이 들었다.

'내 장례식은 어떤 모습일까?'

내가 대여섯 살 때 시골에 계신 외할머니가 돌아가셨다. 마르고 왜소한 체격의 외할머니는 정말 자상하고 말씀을 조곤조곤하게 하시며 따뜻한 분위기를 풍기는 분이셨다. 어렸던 우리는 외할머니 집에 가는 걸 좋아했다. 우리가 잘못을 저질러서 어머니가 회초리로 때리려고 할 때 얼른 외할머니 곁으로 달려가기만 하면 무사했기 때문이다.

온화한 표정의 외할머니 시신은 대청 안에 가로로 높게 받친 문짝 위에 눕혀 있었고 옆에는 향이 피워져 있었다. 어머니는 나를 데리고 외할머니 주위를 한 바퀴 돌면서 말했다.

"무서워하지 마. 할머니는 좋은 분이셨고 우리를 사랑하셨단다. 절대 우릴 해치지 않으실 거야."

죽은 사람을 본 첫인상은 조용하고 평화롭고 자연스러우며 두려워할 필요가 전혀 없다는 것이었다. 사람이 늙으면 누구에게나 이런 날이 온다.

아버지는 91세에 병으로 세상을 떠나셨다. 중부 지역의 작은 마을에서 치르는 장례는 대부분 자기 집 앞에 천막을 치고 빈소를 차리는 방식으로 도로 일부를 차지하기 때문에 사전에 파출소에서 허가를 받아야 했다.

당시 우리는 빈소에 서서 애도를 표하는 한편 뒤에서 들리는 차 소리에 혹시라도 차에 치일까 봐 걱정했다. 다행히 지나가던 사람들은 돌아가신 분에 대한 예의로 유가족을 배려하여 차를 천천히 운행했다.

우리가 절을 할 때 예순을 갓 넘긴 올케언니는 무릎이 아파서 앉았다가 일어서지 못해 옆에 있는 큰오빠가 일으켜 줘야 했다. 그 모습을 본 장의사가 얼른 말했다.

"몸이 불편하신 분은 절을 하지 않고 예만 갖추면 됩니다."

장례의 번거로운 의식 중 하나는 법사를 모시고 염불을 하는 것이다. 나는 불경을 들고 있지도 않았고 내용도 알지 못했으며 그저 음이 단조롭고 말이 반복된다는 느낌을 받았다. 하지만 계속 듣고 있다 보니 어느새 마음이 가라앉고 치유되는 기분이었다.

당시 50대였던 나는 은퇴하면 장의사로 일하면서 장엄하고 따뜻한 방식으로 유족들을 위로하고 싶다는 생각이 들었다. 이때 큰오빠가 웃으면서 장례 같은 큰 사업을 하기에는 사업 수완이 부족하다고 했던 기억이 난다. 어쨌든 그때부터 장례를 통해 사람의 마음을 치유하는 것에 특별한 관심을 갖게 되었다.

아버지가 돌아가신 지 6년 뒤, 어머니가 97세에 세상을 떠나셨다. 그때도 집 앞에 천막을 치고 빈소를 차렸다. 어머니는 대가족 중 최고령의 어른이셨기에 동시에 세 명씩 절을 하도록 했는데도 천막 바깥까지 줄이 이어졌다. 전통적 장례식이 대가족 구성원끼리 서로 얼굴을 보고 조상을 기리는 기회이자 개인의 성찰과 감사 그리고 치유의 원동력이 된다는 생각이 들었다.

우리 집은 대가족이지만 줄곧 혼자 살아온 나는 평소 친척들과 왕래가 적은 편이었다. 그러다 언젠가 내가 세상을 떠났을 때를 떠올리자 친구들이 모두 늙어서 장례식에 오는 사람이 거의 없을 것 같아 마음이 쓸쓸했다.

그래서 일생을 기록한 영상을 손수 만들기로 했다. 그러면서 개선하거나 배워야 할 점이 무엇인지 어디로 놀러 가고 싶은지 아직 못다 한 일이 무엇인지를 돌이켜보고 지금부터라도 하나씩 채워나가기로 했다. 그런데 영상을 만들면 누구에게 보여주지? 그래 봐야 친구 몇 명일 테지. 어쩌면 유튜브에 올리거나 컴퓨터에 영원히 저장할 수도 있겠다.

2장

일과 삶,
관계에서 되찾은 편안함

50부터 만들어가는 나만의 색깔

매일 실천하는 여섯 가지 루틴

○

잠들기 전 항상 컴퓨터 파일을 열어 매일 해야 하는 여섯 가지 항목이 적힌 리스트에 한두 마디 메모를 적어넣은 뒤 편안하게 잠자리에 들곤 한다. 여섯 가지 항목은 운동하기, 지식 쌓기, 나를 사랑하기, 남을 돕기, 해야 할 일 하기, 그리고 감사하기다.

운동하기는 최소 40분 걷기, 지식 쌓기는 주로 책을 읽는 것으로 대체한다. 이로써 몸과 두뇌를 건강하게 만들 수 있다는 만족감이 든다. 나를 사랑하기는 맛있는 것 먹기로, 남을 돕기는 칭찬하기로 실천한다. 이 두 가지는 대인관계에서 윤활제 같은 역할을 한다. 해야 할 일 하기는 이런저런 회의를 함으로써 채워지는데 맡은 책임을 다하는 것일 뿐만 아니라 내 스스로 가치 있다는 생각이 든다. 마지막으로 감사하기는 대중교통에서 자리를 양보받거나 새 책을 내게 될 때 실천한다. 내가 얼마나 행복한 사람인가를 다시 한번 깨달으면서.

은퇴란 직장에서 은퇴한 것을 뜻하는 것이지 삶을 은퇴한 것이 아니다. 때문에 저절로 눈이 떠질 때까지 늘어지게 자고 되는대로 불규칙적으로 사는 것이 아니라 자신의 리듬에 맞는 건강한 삶을 새로 계획해야 한다. 은퇴 후 14년간 이렇게 하루일과를 정해두고 꾸준히 실천하니 여전히 활발한 사회생활을 하는 일상 못지않게 활력이 넘친다.

여섯 가지 항목 중 내가 가장 중요하게 생각하는 것은 감사하기다. 인생을 살아가면서 종종 일이 뜻대로 되지 않거나 꼴 보기 싫은 사람을 마주치게 되는데 이럴 때 생기는 부정적인 감정을 스스로 증폭시켜 오히려 세상의 다른 아름다움을 못 보고 지나치는 경우가 있다. 마치 자전거를 타고 마주 오는 바람을 이겨내며 힘껏 페달을 밟아 오르막길을 겨우 올라왔던 기억은 강하게 남아도, 이후 내리막길을 내려올 때 등 뒤로 느껴지는 시원한 바람은 기억하지 못하는 것과 같다.

매 순간 긍정적인 면을 보고 긍정적으로 생각하는 습관을 기른다면 감사하는 마음이 자연스레 생겨난다. 의학적으로도 맞는 말이다. 대뇌 전두엽의 신경세포가 활성화되고 뇌간에서 도파민과 세로토닌이 분비되어 행복감과 즐거움을 느끼게 된다. 이러한 긍정 에너지는 좋은 인연을 만들어주는 등 삶에 활기를 불어 넣어준다. 낙천적인 태도를 가지면 병에 걸리더라도 적극적인 치료를 받게 되어 몸과 마음 그리고 영혼의 선순환으로 이어진다.

감사하는 마음은 친구의 차를 얻어 탔을 때도 섣달그믐날 난로 주변에 다 함께 모여 앉았을 때도 수술을 성공적으로 받았을 때도 생겨날 수 있다. 한 친구가 대동맥 박리로 인해 긴급 수술을 받았는데 수술 후 두 다리에 힘이 없어 침대에서 내려오지도 못했다. 하지만 그녀는 목숨을 보전했다는 것만으로 무척 감사해했고 인후와 대뇌를 다치지 않아 여전히 좋아하던 노래를 부를 수 있었고 강의도 계속할 수 있었다. 이후 재활 치료를 열심히 받은 끝에 다시 예전처럼 걷게 되었다.

또 다른 친구는 남편과 자전거를 타고 가구를 사러 갔다가 자전거에서 내리자마자 현기증이 나서 그대로 쓰러졌다. 깨어난 후에는 가구점 직원이 침대에 누워 잠시 쉬라고 권할 정도였다. 그날 이후 병원에서 검사를 받고 부정맥이라는 사실을 알게 되었고 전기 지짐술과 장기간의 약물치료를 병행했다. 그녀는 자신이 쓰러진 순간에 다행히 남편과 함께 있었다는 점에 감사했다. 자전거를 타고 있거나 길을 건너는 도중에 쓰러졌다면 훨씬 위험했을 것이라는 생각에 안도감을 느꼈다면서.

지난 한 해를 돌이켜 보면 감사할 일이 너무도 많다. 매일의 삶 속에서 감사함을 발견할 수 있다면 바깥세상이 아무리 시끄럽고 어지러워도 나의 몸과 마음은 평온하고 행복할 것이다.

도움을 청하는 데 주저하지 마라

。

집 대문 밖을 막 나서던 차에 순간적으로 강한 바람이 불어와 손쓸 새도 없이 모자가 날아가 땅에 떨어졌다. 요추 수술을 받은 지 2주밖에 지나지 않았던 때라 아직 보호대를 차고 있어 허리를 굽힐 수가 없었고 무릎 노화로 인해 쪼그려 앉을 수도 없었다. 다행히 한 젊은 사람이 지나가다가 대신 모자를 주워 주었고 나는 연신 고맙다는 인사를 했다.

마트에서 물건을 사고 계산대 앞에서 돈을 꺼내려다 그만 동전을 실수로 떨어트렸다. 하는 수 없이 뒤에 줄을 서 있던 남성을 돌아보며 말했다.

"죄송한데 제가 허리 수술을 받은 지 얼마 안 되어서 허리를 굽힐 수가 없네요."

그는 당황한 듯 눈을 껌벅거리다가 내 허리에 두른 보호대를 보고는 얼른 몸을 숙여 동전을 주워 주었다. 내가 감사하다고 하자 기분이 꽤 좋은 듯 보였다.

사람들은 대체로 모르는 사람에게 폐를 끼치기 싫어하거나 미안하게 생각하며, 자신이 약해 보일까 봐 아니면 거절을 당해서 민망해질까 봐 심지어는 작은 문제라도 생길까 봐 걱정한다.

지금처럼 핸드폰이 흔하지 않았던 시절 홀로 해외여행을 가면 길에서 사람들에게 사진을 찍어달라고 부탁했던 적이 있다. 친구가 내게 물었다.

"혹시라도 그 사람이 핸드폰 들고 도망이라도 가면 쫓아갈 수나 있겠니?"

나는 웃으며 대답했다.

"대부분의 사람들이 좋은 사람이라고 생각해. 성선설이 있잖아."

도와줄 사람을 알아보는 나만의 방법도 있다. 천성적으로 남을 돕기를 좋아하는 이타주의자는 한눈에 봐도 착한 마음씨가 고스란히 드러난다. 이런 사람들에게 도움을 부탁하면 상대방은 기꺼이 도와줄 것이다. 제복을 입은 사람들도 꽤 믿을 만하다. 나들이를 나온 가족도 안전하다. 부모는 분명 아이들 앞에서 남을 도와주는 좋은 본보기가 되려고 할 테니까 말이다.

분명히 길을 잃었는데도 불구하고 아무에게도 묻지 않고 길을 여러 번 돌아가는 사람들이 있다. 많이 걸을수록 건강에 좋다면서 변명을 늘어놓는다. 길을 모를 때는 물어보는 것이 가장 좋은 방법이다. 용기 내어 물어보기만 한다면 사람들은 대체로 친절하게 길을 알려줄 것이다. 심지어 길이 너무 복잡해서 말로 설명하기 어렵다면 중요한 길목까지 직접 안내해 줄 수도 있다. 설사 거절을 당하더라도 기분 상할 필요가 없다. 그냥 다음 사람에게 다시 물어보면 된다.

　　타인의 도움을 받는 것 말고 남을 돕는 데서 오는 즐거움도 있다. 이때 자신의 능력 내에서 남을 도와야 한다. 예를 들어 누군가 물에 빠졌을 때 수영을 할 줄 모르는 사람은 절대 물에 뛰어들면 안 되는 것처럼 자칫하다 두 명을 구해야 할 수도 있기 때문이다.

　　흥미롭게도 실제로 도움이 될 것 같지 않아도 누군가를 돕겠다는 생각만으로도 즐거워질 수 있다.

　　작년에 버스를 타고 해안가 지방 도시의 섬으로 가는 길이었다. 버스 한쪽에서 서로 처음 만난 사람들끼리 시끌벅적하게 열띤 토론을 하고 있었다. 들어보니 할머니 한 분이 딸을 보러 남쪽에서 올라왔고 딸이 사는 곳의 주소를 모르고 동네의 모습만 기억하는데, 최근 도시의 모습이 많이 바뀌어 길을 알아볼 수가 없다는 것이었다. 그래서 사람들이 모여서 저마다 의견을 말하느라 시끌시끌했던 것이었다. 그 할머니가 결국 딸을 만났는지는 모르겠다.

머리카락이 하얗고 보호대까지 찬 나로서는 도움을 요청했을 때 거절당한 적이 한 번도 없었다. 그렇다고 해서 매번 나이를 핑계로 다른 사람이 대신해주기를 바란다면 사람들의 미움을 받을 수도 있고 신체기능이 더 빠르게 퇴화할 가능성도 있다. 스스로 할 수 있다면 다른 사람을 귀찮게 하지 않는 것이 좋다. 나이 들어서도 독립적이고 자주적일 수 있다는 것은 매우 유쾌하고 자랑스러울 만한 일이다.

긍정 마인드를 키우는 법

o

〈어느 날 당신이 늙었다면〉이라는 주제로 강연을 한 적이 있다. 강연 도중 몇 해 전 유방암에 걸려 치료한 경험을 이야기했다. 강연이 끝난 뒤 한 여자분이 다가와 물었다.

"암에 걸렸었는데 어쩜 이렇게 낙관적이신가요? 당시 부정적인 마음을 어떻게 극복하셨나요?"

낙관은 좋은 일이 일어날 것이라고 예상하는 것이며 모든 일을 긍정적으로 생각한다는 뜻이다. 마치 컵에 물이 반쯤 들어 있는 것을 보고 반밖에 없다고 생각하는 것이 아니라 반이나 남았다고 생각하는 것과 같다. 낙관적인 사람은 어떤 일이든 긍정적인 면을 볼 수 있고 적극적으로 문제를 해결할 수 있다.

최근 20년간 의료계는 낙관에 대해 점차 관심을 가지기 시작했다. 유럽과 미국에서 진행한 여러 대규모 역학 연구에 따르면, 낙관적인 사람은 심혈관질환에 걸릴 확률이 비교적 낮고 전반적인 사망률이 감소하며 건강하게 장수할 가능성이 크고 암에 걸리더라도 삶의 질이 높고 생존율도 비교적 높다.

2019년 3월 《미국 역학 저널American journal of epidemiology》에 실린 '건강과 은퇴 연구(HRS)'가 이를 증명한다. 미국의 50세 이상 건강한 성인 남녀 5,678명(여성 3,492명, 남성 2,206명)을 대상으로 인터뷰 및 설문 조사를 시행했는데 그중 '삶의 지향성 검사(Life Orientation Test-Revised, LOT-R)'를 통해 낙관성 척도를 측정한 결과가 눈길을 끌었다.

연구진은 2년마다 피검사자의 건강 상태에 대해 추적 검사를 진행했다. 건강 상태에는 신체 능력(걷기, 계단 오르기 등), 인지기능(전화 형식의 테스트), 만성질환 여부 등이 포함된다. 6~8년 경과 후 2,774명(전체의 49%)이 여전히 건강한 것으로 나타났다.

낙관적인 성향이 어째서 건강에 도움이 될까? 메커니즘은 아직 명확하지 않다. 신체의 면역체계 및 신경 내분비계와 관련이 있다고 추정하는 학자도 있다. 낙관적인 사람이 통상적으로 건강한 라이프 스타일을 유지하기 때문일 수도 있다. 예를 들면 규칙적인 운동, 금연, 식단 조절 등이 있다. 그리고 매사에 긍정적이고 스트레스에 강하며 병에 걸리더라도 희망을 잃지 않고 마인드 컨트롤을 하며 적극적으로 치료방법을 찾는다.

태어날 때부터 낙관적인 사람이 있는가 하면 자라온 환경으로 인해 후천적으로 바뀌는 사람도 있다. 낙관적인 성향은 전염성이 강하고 후천적으로 키워질 수도 있다. 낙관적인 사람들과 많이 어울리는 것 외에도 다음의 방법을 시도해볼 수 있다.

병에 걸리거나 어떤 문제에 직면한 경우 종이에 다음과 같이 적는다.

'가장 나쁜 경우와 가장 좋은 경우가 무엇일까?'

'해결책이 무엇일까? 치료를 받거나 제2의 의견을 구하거나 친구에게 도움을 청하거나 사회로부터 지원을 받는 것일까?'

개인의 능력으로 해결할 수 없다면 마음을 열고 받아들이되 현재 자신이 가진 능력을 최대한 발휘해야 한다.

다시 앞으로 돌아가 강연에서 나에게 질문한 여자분의 질문에 나는 이렇게 답했다.

"나이가 들면 각종 퇴행성 질환과 암이 생길 수 있습니다. 저는 운 좋게도 유방암에 걸렸어요. 유방암은 여성에게 흔히 나타나는 암이라 의사가 풍부한 임상경험을 가지고 있고 새로운 치료법도 계속 나오고 있죠. 저는 한 번도 부정적인 마음이 들지 않았어요. 생로병사는 인생의 필연적인 과정이니까요. 암에 걸리지 않았더라도 다른 병에 걸렸을 수 있지요. 제가 '운 좋게도' 암에 걸렸다고 한 이유도 여기 있습니다. 암에 걸린 이후 특히 치료를 받고 난 이후에 제 삶을 더욱 소중하게 여기게 되었습니다."

진심을 담은 인사 "건강하세요!"

ㅇ

명절이면 이메일과 SNS상에서 지인들에게 안부를 묻곤 하는데 '건강하고 즐거운 명절 보내세요' 같은 뻔한 인사가 아닌 조금은 특별한 인사를 전하고 싶었다. 하지만 결국엔 늘 같은 인사말을 사용했다. 뻔하지만 상대방에게 실수할 가능성이 없고 의학적으로도 숨은 의미가 있기 때문이다.

건강과 즐거움이 어떤 상관관계가 있을까? 상호보완적 관계일까 아님 인과관계일까? 생각해보면 당연하다. 몸이 건강하면 기분이 적어도 불쾌하지는 않을 것이다. 게다가 암, 중풍, 파킨슨병 등의 많은 만성질환이 일반적으로 우울 증상을 동반한다는 점에서도 그 둘이 관계가 없다고 할 수는 없다.

그렇다고 즐거운 마음이 몸을 건강하게 만들고 심지어 사망 위험까지 낮출 수 있을까? 즐거움은 주관적이며 그보다 넓은 의미인 행복감이 좀 더 구체적인 개념이다. 학자들은 행복감을 세 가지 측면으로 나눠서 보고 있다.

첫째, 쾌락적 행복hedonic well-being이다. 즐거움과 기쁨. 현재 또는 짧은 시간의 즐거운 정서로 시간이 지나면서 감정이 변화한다. 둘째는 삶의 만족도life evaluation인데 자아와 삶의 질에 대한 만족감을 뜻한다. 마지막으로 자아실현적 행복 eudemonic well-being은 인생의 가치와 의미에 대한 만족감을 의미한다.

지난 10여 년간 즐거움과 건강을 주제로 한 수많은 논문이 발표됐다. 대부분이 대규모의 역학적 관찰연구였다. 많은 연구에서 양자 간에 상관관계가 있으며 특히 노인들에게서 더욱 두드러진다고 주장한다.

특히 영국에서 발표한 '노화에 관한 장기 추적 연구' 논문에 따르면 행복감이 높을수록 건강할 가능성이 크다는 것이 의학적으로도 증명되었다. 평균 65세인 영국인 9,050명을 대상으로 15개 문항으로 구성된 설문 조사를 통해 행복감의 척도를 평가했다. 평가 문항에는 자주성, 자아성장, 자기수용, 삶의 의미를 느끼는가 등에 관한 내용이 포함되어 있다. 점수는 0부터 45점까지이며 점수가 높을수록 행복 지수가 높다는 것을 의미한다.

8년 반 동안의 추적 조사 이후 1,542명이 사망했는데 행복감 점수가 하위 25%에 해당하는 그룹의 사망률이 29.3%였으며, 상위 25%에 해당하는 그룹의 사망률이 9.3에 불과했다. 행복감은 나이, 성별, 교육, 경제력, 흡연, 음주, 만성질환 등에 의해 영향을 많이 받는 것을 고려해, 통계 분석을 통해 이러한 변수를 통제했음에도 불구하고 상위 25%인 그룹의 사망률이 하위 25%인 그룹보다 30%나 낮았다. 행복감이라는 심리 상태가 건강과 생존을 보호하는 역할을 했던 것이다.

천성적으로 늘 즐겁고 낙관적인 사람들은 아무리 어렵고 힘든 일이 닥치더라도 쉽게 털고 일어난다. 반면 근심 걱정이 많은 사람은 매사에 늘 부정적인 시각을 갖는다. 다행스럽게도 즐거움은 노력으로 얻을 수가 있다.

우선 즐겁고 긍정적인 사람들과 어울리면 된다. 즐거움은 전염성이 강해서 항상 즐거운 사람과 함께하면 편안하고 유쾌해진다. 의식적으로 재밌는 것을 많이 접하는 것도 좋다. 코미디 영화를 보거나 가벼운 유머 글을 읽고 평소에 자주 떠올리며 웃는 생활을 해보자.

기다려야 할 때와
기다리지 말아야 할 때

○

SNS에서 꽤 괜찮은 여행 상품이 판매되는 것을 보고 친구에게 함께 가지 않겠냐고 물었더니 친구가 '잠깐만'이라며 잠시 생각해보겠다고 했다. 며칠 뒤 함께 가기로 하고 신청을 했더니 이미 정원이 다 차버렸다. 초고속 사회인 요즘은 기다림이 아무 의미가 없는 듯하다. '잠깐만'이라는 말 때문에 많은 기회를 놓쳐버렸다.

그러나 기다림은 치료의 일환일 때가 있다. 예컨대 수술하고 난 뒤 상처가 아물 때까지 기다림이 필요하다. 폐렴에 걸려 항생제 주사를 맞으면 약효가 퍼질 때까지 역시나 기다림이 필요하다.

가끔은 아무것도 하지 않고 기다리기만 하는 것이 치료의 한 방법일 때가 있는데 바로 관찰이다. 물론 대수롭지 않게 생각하며 마냥 기다리는 것이 아니라 조그만 변화라도 보인다면 즉각적으로 치료해야 한다.

96세인 할머니 한 분이 집에서 넘어졌는데 눈에 보이는 외상은 없었지만 넘어지면서 벽에 머리를 부딪혔다. 가족들이 응급실로 모셔와 뇌 CT를 찍어보니 좌측에 1.7센티미터 두께의 경뇌막하출혈이 보였고 의료진은 당일 발생한 출혈이 아니라 이미 한동안 출혈이 있었다고 판단했다. 신경과 의사는 혈액이 뇌를 누르지 않도록 빼내는 응급 수술을 해야 한다고 말했다.

가족들은 어머니가 이미 연세가 많은 데다 여러 만성질환도 갖고 있으며 수술하려면 전신 마취를 해야 하는 점을 걱정했다. 현재 의식이 돌아왔고 손과 발의 움직임이 모두 정상이란 점을 감안하고 일단 지켜보면서 외래진료를 통해 추적 검사를 하는 방향으로 결정했다.

두 달 후 다시 CT 검사를 해보니 출혈이 모두 사라진 것이 발견됐다. 알고 보니 노인의 뇌가 줄어들면서 두개골 아래에 공간이 생기는 바람에 혈액이 고였던 것으로, 다행히 뇌를 압박해 뇌수종이 일어날 가능성이 전혀 없는 것으로 판단되었고 혈액도 저절로 조직에 조금씩 흡수되었다. 이처럼 기다림은 병을 진단할 때도 중요한 역할을 하며 병증이 명확하지 않을 때 더욱 지켜볼 필요가 있다.

예를 들어 파킨슨병 환자들은 처음에는 다른 증상 없이 단지 걷는 속도가 조금 느려진다. 걸음이 느려지는 이유는 다양한데 나이가 들면서 관절이나 척추에 질환이 생겼을 수도 있다. 따라서 손 떨림, 하반신 경직 등 다른 증상이 계속 나타날 때까지 기다린 후에야 파킨슨병이라고 진단할 수 있다. 물론 간질, 뇌졸중, 쇼크 등의 급성으로 발생하는 질환의 경우에는 기다리지 말고 응급 처치를 해야 한다.

기다림은 또한 기회를 엿보는 것이다. 하늘 위를 맴돌던 독수리가 갑자기 쏜살같이 내려와 병아리를 물고 날아간다. 독수리가 직전까지 공중을 배회한 것은 바로 좋은 먹잇감, 좋은 타이밍을 기다린 것이다. 마치 사람들이 인터넷에서 주식이나 비행기 표를 계속 관찰하다가 가장 좋은 가격일 때 클릭하는 것과 같다.

기다림은 항상 우리를 애타게 한다. 콘서트 시간이 다 됐는데 티켓을 가진 사람이 오지 않으면 입구에서 목을 빼고 발을 동동 구르게 된다. 수술실 밖 보호자 대기실에서 환자 상태를 보여주는 모니터에 눈을 떼지 못하는 가족을 보면 기다림이 얼마나 힘든 일인지 가늠할 수 있다. 한 사람이 스스로 깨닫고 마음을 돌리기를 기다린다면 아마 평생을 기다려야 할지도 모른다.

다행히 기다림은 우아할 수 있다. 은행이나 우체국에서 번호표를 뽑고 앉아서 누군가 새치기할 거란 걱정은 내려놓고 휴대전화 또는 책, 신문을 보거나 한가롭게 주위를 돌아보며 번호가 돌아올 때까지 기다리면 된다.

기다림이 때로는 희망이기도 하고 달콤한 기대이기도 하다. 사랑하는 사람을 기다리는 것, 아이가 자라는 걸 지켜보는 것, 외지 생활을 하면서 고향에 갈 명절을 기다리는 것, 집에 가는 길 어머니의 손맛이 담긴 집밥을 떠올리는 것, 월급이 오르는 것, 합격 소식을 기다리는 것, 세뱃돈을 기다리는 것, 글을 쓸 때 아이디어가 떠오르는 것, 맛있는 음식을 먹기 위해 길게 줄을 서는 것 등은 기다림이 가져다주는 즐거움이라 할 수 있다.

기다려야 할 때 차분하게 기다리는 건 그리 어렵지 않다. 다만 기다리지 말아야 할 때를 알아채고 곧바로 행동을 취하는 것이 어렵다. 갑자기 일어나는 여러 가지 상황들을 우리가 모두 통제할 수는 없기 때문이다. 그러나 기다리든 기다리지 않든, 그 선택에 대한 책임을 남에게 돌리지 말아야 한다. 경험을 통해 배우고 자신에게 알려줘라.

"다음에 또 기회가 온다면 그땐 반드시 잡아."

버티면 된다

ㅇ

대만 중부의 작은 마을에서 태어난 나는 공부에서만큼은 항상 3등 안에 들었다. 그러나 예상대로 쉽게 합격한 고등학교에서 인생에서 첫 번째로 큰 좌절을 겪었다. 작고 통통한 몸집에 얼굴에는 촌티가 좔좔 흐르고 표준어도 완벽하지 않았기 때문인지 지덕체가 고루 우수하고 치아가 희고 가지런하며 딱 보기 좋은 몸매를 가진 같은 반 친구들을 보자 저절로 열등감이 생겨났다.

아무리 열심히 공부해도 성적이 항상 10등 안팎에 머물렀다. 공부 잘하는 친구들은 밴드, 의장대 그리고 스피치 등 각종 대회에 활발히 참가해 멋진 모습을 뽐내면서도 성적은 여전히 선두권을 유지했다. 어쩌면 이토록 완벽할 수가 있을까?

한번은 의도치 않게 옆에 있던 두 친구의 대화를 듣게 되었다. 한 명이 편두통이 있다고 말하자 다른 한 명이 편두통이 있는 사람들은 대체로 똑똑하다고 말하는 것이었다. 어쩌나, 나는 편두통조차 없는데. 분통 터질 노릇이었다! 즐겁지 않았던 고교 시절이었지만 다행히 옆자리의 몇몇 친구들과는 꽤 가깝게 지냈다.

고3이 되어 대학 연합고사를 치를 무렵 나는 이과반에 진학했고, 이과반은 다시 두 그룹으로 나뉘었다. 당시 수시 모집 제도를 통해 우리 반의 상위권 친구들이 대만대학교에 일찌감치 합격했다. 성적이 우수한 친구들이 모두 수시로 대학에 합격했고 남은 친구들 중에서는 내가 제일 공부를 잘할 것이라는 생각이 들자 다시 자신감이 되살아났다. 운이 좋으면 이 그룹에서 1등을 할지도 모른다. 1등을 하면 기자들이 찾아와 신문에 실릴 것이고 그야말로 가문의 영광이 아닌가!

연합고사를 나름 잘 쳤다고 생각했다. 자신만만하게 어머니에게 만약 기자가 찾아오면 뭘 입어야 사진이 잘 나올지 물어보기도 했다. 아버지가 옆에서 듣다가 진지한 표정으로 말했다.

"구불혐가빈狗不嫌家貧이고, 아불혐모추兒不嫌母醜이니라."

내가 전혀 알아듣지 못하자 아버지는 직접 종이에 적으면서 자식은 어머니의 추함을 탓할 수 없다는 뜻이라고 설명해주었다. 우리 어머니는 타고난 미인인데(참, 이 점은 내게 물려주시지 않았다).

연합고사 결과가 발표되고 나는 타이베이 의과대학에 4등으로 합격했다. 아버지가 신문에 실린 합격자 명단을 보면서 내게 말했다.

"어째 네가 말한 것하고 이렇게 차이가 나냐?"

나는 어깨를 으쓱하고는 대답했다.

"나도 모르지!"

명단을 자세히 살펴보니 대만대 의과대학 합격자 1, 2, 3등이 모두 우리 반에서 나왔다. 우리 그룹의 1등도 다른 친구였다. 단지 1등의 영광이 나에게 오지 않았을 뿐이다. 이로 보아 나의 예측이 그렇게 터무니없던 것은 아니었다.

나중에 알게 되었는데 우리 반 전체 53명 중에 수시 합격생까지 포함해 총 15명이 대만대 의대에 합격했고 약 40명이 대만대에 합격했다. 이 숫자에는 심지어 다른 과를 가고 싶어서 의대에 지원하지 않았거나 가정환경을 이유로 사범대를 1지망으로 적은 친구들은 포함되지도 않았다. 그제야 내가 부족한 것이 아니라 다른 사람들이 워낙 잘난 것이라는 사실을 깨달았다.

얼떨결에 엘리트 반에 들어가 운 좋게 살아남았는데 애초에 버텨내기만 하면 모든 일이 순조롭게 풀릴 일이었다. 인생의 좌절은 일찍 겪을수록 좋다. 젊을 때는 생각이 유연하고 버텨내는 힘이 강하며 적응력이 뛰어나기 때문에, 감당할 수 없을 만큼의 커다란 좌절만 아니라면 반복해서 겪어내는 좌절은 자신을 더욱 강해지게 만든다.

몇 해가 지나고 의대를 졸업한 뒤 타이베이 룽쭝榮總병원에서 신경과 의사로 일하게 되었다. 어느 이른 아침, 병동에서 외래 진료실로 향하는 긴 복도를 걷다가 문득 대만대 의대에 합격하지 못한 것이 당시에는 분하고 안타까웠지만 지금은 다행이라는 생각이 들었다. 만약 대만대 의대에 진학한 15명의 엘리트 친구들과 계속 어울렸다면 고등학교 시절의 열등감을 되풀이했을지도 모를 일이다.

부모님 두 분 다 돌아가신 지 몇 년이 지났다. 올해 성묘하러 갔다가 갑자기 예전에 아버지가 밥 먹으라고 부르던 모습이 눈앞에 그려졌다.

대만대 의대와는 인연이 없다는 사실을 알게 된 그 날 저녁, 늘 하던 대로 2층 베란다에 올라가 붉게 노을 진 하늘과 흔들리는 야자수를 감상하고 있었다. 그러던 중 아버지가 올라오시더니 밥 먹으러 내려오라고 했다. 여태까지 밥 먹으러 오라고 부르던 사람은 항상 어머니였기에, 늘 위엄있는 얼굴로 식탁 앞에만 앉아 있던 아버지가 직접 부르러 온 게 당시에는 조금 이상하게 여겨졌다.

무덤 앞에 서서 향을 올리며 제사를 지내던 중 문득 깨달았다.

'그날 아버지는 혹시라도 내가 뛰어내릴까 봐 올라왔던 거구나.'

막내딸에 대한 아버지의 사랑은 이토록 함축적이면서도 깊었다니 반세기가 지나서야 그 짧았던 순간의 사랑이 내 마음을 따뜻하게 만들었다.

18세에 힘겨웠다면 68세에는 괜찮아진다

。

18세에 의대에 입학한 이후 68세가 되어서 '의과대학 입학 50주년 동창회'에 처음 발을 디뎠다. 혹시라도 동창들이 나를 못 알아보면 어쩌나 싶어 내심 불안했다. 다행히 다들 이름표를 달고 있었다. 그중에는 보자마자 이름을 부를 정도로 얼굴이 그대로인 친구가 있었는가 하면 세월을 정통으로 맞아 찬찬히 얼굴을 뜯어본 후에야 예전 얼굴이 보이는 친구도 있었다.

이번 동창회에는 동창생 83명이 가족을 동반하여 총 129명이 참가하였다. 첫 순서로 이미 세상을 떠난 11명의 동창생을 추모한 뒤 이어서 모두 학번 순으로 연단에 올라 자신의 가정, 일, 취미에 관한 이야기나 삶의 지혜 등을 공유하는 시간을 가졌다.

동창들은 병원을 개원하거나 시골에서 의료 활동을 하거나 공직에 종사하거나 학교에서 학생들을 가르치는 등 다들 자신의 분야에서 두각을 나타내고 있었다. 모두가 한목소리로 강조한 단어가 두 개 있었는데 바로 행복과 감사였다. 그리고 가정을 돌보고 함께 열심히 일하며 수십 년을 손잡고 걸어온 반려자에게 감사를 전했다. 당시 캠퍼스 커플이었던 세 쌍의 부부가 연단에 올라와 서로에게 감사의 마음을 전하는 모습은 무척이나 감동적이었다.

누구나 60이 넘어 70을 바라보는 나이가 되면 인생의 소용돌이가 모두 잠잠해진다. 마치 급류가 점차 느려지는 것처럼 마음이 평온해져 다른 누군가와 비교도 하지 않게 된다. 동창들이 이룬 성취에 함께 기뻐할 뿐만 아니라 스스로 걸어온 발자취도 소중하게 여길 줄 안다.

"우리는 운이 좋은 세대입니다."

내과 의사인 한 동창생의 말이 가장 와닿았다.

확실히 우리는 전란을 겪지 않고 공부에만 전념할 수 있었다. 막 의사가 되었을 무렵 보고 듣고 묻고 맥을 짚어 병증을 분석하는 전통 의학 교육을 받아 임상 경험을 쌓았고, 이후 과학기술의 발전으로 각종 의료기기와 유전자 검사가 도입되었으며, 인터넷으로 의학 학술지를 읽으면서 시대와 발맞춰 평생 공부하며 살아왔다. 게다가 늙으면 아프기 마련이지만 오늘날은 의료자원이 풍부하여 더 많은 혜택을 누릴 수 있다.

대만대 의대와 달리 당시 타이베이 의대는 전임 교수도 매우 적고 대학 부속병원도 없는 초라한 학교였다. 그래서 매일 아침 타이베이의 각 병원을 차례로 돌며 인턴을 했는데 우리를 열심히 데리고 다니던 의사도 있었지만 소 닭 보듯 무심한 의사도 있었다. 오후에는 다시 학교로 돌아와 수업을 들었다. 당시 타이베이 의대생들의 주요 교통수단이었던 37번 버스 안에서는 언제나 서로 정보를 교환하기 바빴다.

하지만 이렇게 열악한 환경에서도 스스로 공부하고 배울 기회를 찾아다니며, 어디에서도 살아남을 수 있는 강인한 생존력과 다른 학과와는 비교 불가한 남다른 학우애를 지킬 수 있었다.

현재 소아과 의사인 동창생은 당시 겨우 3점 차이로 대만대 의대에 떨어져 대성통곡을 했는데 당시 어떤 어른이 그에게 이렇게 말했다고 한다.

"별것 아니야. 열심히 공부하기만 하면 나중에는 다 똑같아."

환자에게는 진찰할 줄 알고 의사소통이 잘 되며 의술이 뛰어나고 전문적인 의사가 필요한 것이지 어느 학교 출신인지가 중요한 것은 아니다. 당시에는 그 어른이 그저 자신을 위로하려고 한 말인 줄 알았는데 이제야 그 의미를 알게 되었다고 한다.

분명 지금 당장은 큰일이 난 것 같아도 몇 년이 지나고 보면 아무 일도 아니며 또 다르게 보일 수 있다. 따라서 모든 일은 길게 봐야 제대로 알 수 있는 것이다.

의사들도 당연히 병에 걸릴 수 있다. 몇몇 동창생들은 자신들이 치료를 받았던 경험을 공유했다. 그중 폐암에 걸린 동창생은 10년 넘게 암이 여러 번 재발했고 그때마다 적극적으로 치료를 받았으며 병이 악화했다 나아지기를 반복했다고 한다. 이번에 연단에 올라 의자에 앉은 채로 그가 겪은 심경의 변화를 담담하게 털어놓아 큰 감동을 주었다. 멋지게 살되 아플 땐 용감하게 치료받아야 한다.

인생은 예측하기 어렵기에 현재를 소중히 여기고 앞으로 찾아올지 모를 질병에도 적극적으로 대처해야 한다. 대부분은 되돌릴 기회가 주어지지만 한 번 잃은 건강은 되찾기 힘들다. 우리는 서로를 응원하며 7년 뒤 그러니까 의대 '입학'이 아닌 '졸업' 50주년에 다시 만나기로 했다. 그때는 더 많은 동창생을 볼 수 있었으면 하는 마음이 든다.

3장

나이 들어도 늙지 않는 사람

건강하고 여유롭고 재미있게 산다

의학 지식을 아는 것이 중요하다

○

몇 달 전부터 갑자기 두 눈이 뻑뻑하고 눈알을 굴리면 찌르는 듯이 아파 결국 병원에 갔다. 정밀검사를 한 뒤 안과 의사가 눈꺼풀의 검판선이 노화로 인해 지방 분비가 줄어들어 눈물이 빠르게 증발하면서 안구건조증이 생긴 것이라고 했다. 뜨거운 수건으로 눈을 몇 분간 찜질하면 좋아질 거라는 말에 집에 돌아와 매일 여러 번 찜질했더니 증상이 크게 호전되었다.

　뜨거운 물에 적신 수건을 눈 위에 올리자 갑자기 이 행동이 어딘가 익숙하게 느껴졌다. 곰곰이 생각하다 70이 넘어서도 한결같이 쌀가게를 운영하셨던 아버지가 떠올랐다. 아버지는 늘 뜨거운 수건으로 얼굴을 찜질했고 몇 분 뒤 수건이 식으면 가족들이 얼른 다시 뜨거운 수건으로 바꿔주었다. 그리고 나면 아버지는 훨씬 편안해졌는지 눈을 깜박거리셨다. 돌이켜 생각해보면 당시 아버지는 검판선 노화로 인한 안구건조증이었을 것이다. 경험을 통해 뜨거운 수건으로 통증을 가라앉히는 좋은 방법을 생각해낸 것이었고 말이다.

한번은 칠순을 넘긴 어머니와 외출했을 때 동작이 왜 이리 굼뜨냐며 길 건널 때는 빨리 건너라고 재촉했던 일이 생각났다. 어머니는 이렇게 말씀하셨다.

"너도 늙어봐라."

눈 깜짝할 사이에 나도 벌써 70을 넘긴 나이가 되었고 나도 이제 동작이 재빠르지 않다. 결국 부모님이 걸어왔던 길을 걷고 있다.

대만은 이미 고령사회에 진입했다. 2020년 기준으로 65세 이상 인구가 전체 인구의 15.7%를 차지한다. 다시 말해 일곱 명 중 한 명꼴로 노인이라는 뜻이다.

현재 평균 수명이 81세이므로 별일 없다면 내가 아직 10여 년은 더 살 수 있다는 것을 의미한다. 그 시간 동안 노화가 진행되면서 만성질환이 하나씩 생길 수 있다. 초로에서 노년 후기(old-old age, 85~94세)까지의 여정을 어떻게 잘 가야 할까?

물론 나이와 비례해서 바로 노쇠해지는 것은 아니다. 사람마다 노화의 속도가 다르고 신체의 각 기관과 계통의 노화 정도도 다르다. 유전자, 환경, 생활습관 등 다양한 영향을 받기 때문이다. 그러므로 부모님의 모습을 통해 자신의 노후를 예상하는 것 말고도 의학적 지식을 습득하여 나이가 들어가는 것에 적응하는 법을 배울 수 있다.

2019년 10월 타이베이에서 '제11회 국제노년의학회 아태지역회의'에 참석했었다. 5일간 열린 회의 기간 동안 여러 주제의 세미나가 회의장 곳곳에서 동시에 진행되어 몸이 열 개라도 부족한 심정이었다. 당시 나의 관심 주제였기도 한 노년학gerontology, 노년의학geriatrics 그리고 노인복지과학 gerontechnology의 미래 전망과 발전을 볼 수 있어 희망을 가졌던 기억이 난다.

가장 기억에 남는 것은 호주 뉴캐슬 대학 줄리 바일스Julie Byles 교수의 강연이었다. 그는 1966년부터 시작한 '호주 여성의 건강 연구'를 이끌고 있다. 70세에서 75세의 여성 12,432명으로 이루어진 조를 3년에 한 번씩 추적 조사를 진행하여 이들이 만성질환이 있는지와 걷기, 계단 오르기, 생활용품이나 무거운 물건 들기 등과 같은 신체 능력을 평가했다. 이들 중 2011년까지 살아남은 사람의 연령대는 85~90세로 5,928명이었다. 이중 14%(839명)의 신체 능력이 '매우 좋음'이었고 15년 동안 노화가 아주 조금 진행되었다.

통계 분석을 통해 노년기에 '매우 좋음'의 신체 능력을 유지한 이들은 초로 때 운동을 많이 하고 비만이나 과체중이 아니었으며 흡연하지 않고 스스로 수입을 관리하며 교육 수준이 높다는 특징이 있음을 알아냈다. 그중 운동이 가장 두드러졌는데 덕분에 이들은 노년 후기 때 만성질환이 생기더라도 신체 능력이 떨어지지 않았다.

또한 회의에서는 새로운 노인복지과학기술이 소개되기도 했다. 예를 들면 단순하고 흥미를 유발하는 운동기기로 노인들의 운동 욕구를 자극해 안전하고 효과적인 운동 방식을 제안하는가 하면, 원격기술과 각종 보조기구의 개발로 노인의 자립 능력을 키우고 보호자와 사회의 부담을 줄여주는 가능성도 볼 수 있었다.

바일스 교수가 말한 대로 전후 베이비붐 세대가 이제 은발이 성성한 칠순에 들어섰지만 건강한 생활습관을 계속 유지한다면 '골드실버족'으로 눈부신 노년 후기를 맞이할 수 있을 것이란 생각이 들었다.

안전하고 즐거운 노년의 여행 준비

o

예전에 병원에서 근무하던 시절에는 매년 국제의학학회에 참석했고, 학회 전후로 하루 이틀간 짬을 내어 외국의 도시를 자유롭게 돌아다니거나 당일치기 여행을 하곤 했다. 일에만 몰두해 있는 나에게는 이렇게 틈틈이 여행하는 방식이 너무나 만족스러웠다.

은퇴 후에는 단체 관광을 통해 다양한 나라의 관광 명소를 다니며 여행의 재미를 느끼고 견문을 넓혔다. 10여 년의 세월 동안 나이가 들면서 체력이 차츰 떨어지고 경추와 요추 수술도 받았지만 단 한 번도 여행을 포기한 적이 없다.

인터넷에서 판매되는 각종 여행 상품은 코스와 가격이 천차만별이라 도저히 뭘 골라야 할지 알 수가 없었다. 나중에는 여행에 대해 잘 아는 친구가 고르고 나는 그저 따라가기만 하는 방법을 택했다. 여행을 다녀온 친구들에게 물어보면 입

소문이 괜찮은 여행사를 골라낼 수 있다. 하지만 아무리 좋은 여행사를 고르더라도 날씨나 동행객은 어찌할 수 없으니 이는 그저 운에 맡기는 수밖에 없다.

단체 관광을 하면서 물론 새로운 사람들을 사귈 수 있지만 동행객 중에 사차원이거나 말이 너무 많거나 쉬지 않고 투덜대거나 집합 시간을 어기는 사람들이 있다면 여행의 기분을 망치거나 심한 경우 일정에 지장이 생길 수 있다. 그리고 보통 2인 1실을 쓰게 되는데 혼자 여행을 와서 모르는 사람과 함께 방을 쓰게 된다면 피차 적응하기가 여간 힘든 것이 아니다. 이왕이면 친구나 가족 한 명과 동행하는 것이 좋다. 만에 하나 예상치 못한 일이 생기더라도 서로 챙겨줄 수 있으니 말이다.

통상 1~2주 정도의 해외여행 기간에 관광버스의 좌석도 하나의 골칫거리다. 버스에 오르자마자 먼저 앞 좌석에 앉아버리고 남은 기간 내내 고정좌석처럼 앉는 사람들이 있다. 가끔은 가이드가 앞쪽 두 열을 연장자나 몸이 불편하신 분에게 양보해달라고 말하기도 하지만 관광 오는 실버족이 갈수록 많아지는 상황에서 과연 누굴 앉히겠는가.

스스로 여행 일정을 짜고 여행사에 예약만 맡기는 사람들도 있다. 이들은 주로 가족이나 동호회 회원, 친구 또는 친구의 친구 등 나이대가 비슷한 사람들과 함께 가는데, 이 경우

비슷한 부분이 많아 공감대가 많고 서로 아는 사이이기 때문에 배려도 하면서 유쾌한 시간을 보낼 수 있다는 장점이 있다.

코로나 때는 몇몇 친한 친구들끼리 만나 직접 운전하거나 렌트카를 빌려 하루 이틀 정도 국내 자유여행을 하기도 했다. 빡빡한 일정을 소화할 필요 없이 그저 함께 웃고 떠드는 것만으로도 더욱 즐겁게 느껴졌다.

어떤 환경에서든 자신을 돌보는 것이 매우 중요하다. 특히 나이가 들수록 주의해야 할 사항이 많아지며 철저한 준비가 있어야만 안전하고 즐겁게 여행을 할 수 있다.

심폐기능이 떨어지는 사람은 고지대 여행에 적합하지 않다. 손발이 굳은 사람도 고산지대에 올라가는 것과 맞지 않는다. 목적지에 도착해서 생각보다 어렵다고 느껴지면 굳이 코스를 끝까지 완주하지 않아도 된다. 친구 다섯 명과 함께 타이핑산太平山의 유명한 너도밤나무 숲길을 가려고 산을 올랐던 적이 있다. 당시 비가 조금씩 흩뿌리면서 마지막 경사가 진흙탕이 되었고 등산 스틱이 있어도 미끄러질 것 같았다.

7개월 전에 요추 수술을 받은 상태로 계속 간다는 건 너무나 어리석다는 생각이 들었고 결국 친구 한 명과 함께 원래 길로 되돌아왔다. 비록 너도밤나무를 직접 보지는 못했지만 산속의 정취를 흠뻑 느낄 수 있었다. 게다가 다녀온 일행들이 찍은 노랗게 물들어가는 아름다운 너도밤나무 사진을 보는 것도 나쁘지 않았다.

혈압약과 같이 장기간 복용해온 약은 항상 휴대해야 하며 여행 일정으로 약 먹는 시간이 지체되지 않도록 양을 평소보다 넉넉하게 챙겨야 한다. 치매와 같은 질병이 있거나 큰 수술을 받은 적이 있다면 필요한 경우를 대비해 진단서를 항상 지니고 다녀야 한다.

여행이 심장 건강에 좋은 이유

○

2019년 5월 뉴질랜드로 단체여행을 간 적이 있다. 남섬의 크라이스트처치 공항에서 북섬의 오클랜드로 돌아오는 뉴질랜드 항공을 타려는데 탑승 수속을 하는 카운터가 없고 셀프 체크인 키오스크만이 덩그러니 있는 것이었다.

이러한 체크인 키오스크는 직접 여권을 올려놓고 매뉴얼에 따라 순서대로 버튼을 눌러야 한다. 그러고 나면 탑승권과 수하물 바코드가 프린트되어 나오고 그 바코드를 짐에 붙인 뒤 직접 수하물 컨베이어 벨트에 올려놓으면 탑승 수속이 끝난다.

사실 대만 타오위안 공항도 2018년부터 체크인 키오스크가 있었지만 이용자가 많지 않았다. 가이드는 이러한 셀프 체크인이 글로벌 추세이며 일본의 경우에는 도쿄 올림픽 때 대규모 관광객이 올 것을 대비해 시간과 인력 절감 차원에서 셀프 체크인을 전면 시행하고 있다고 했다.

나는 은퇴 후부터 단체여행을 다니기 시작했고 그때부터는 머리를 써서 계획을 짜야 하는 자유여행은 하지 않았다. 그저 가이드를 따라다니며 여러 산과 바다를 신나게 놀러 다녔을 뿐이다.

크라이스트처치 공항에서 부득이하게 셀프 체크인 방법을 배워야 되리라고는 생각지도 못했다. 이때의 경험으로 여행도 다양한 측면에서 새롭게 배울 수 있다는 사실을 깨달았다.

새로운 나라에 가면 현지인들의 옷차림, 행동, 소통방식을 관찰하는 게 재밌다. 박물관을 돌아보고 마트에서 파는 물건들의 가격도 살펴보며 대만의 물가와 비교해보기도 한다. 현지 음식을 맛보며 여러 견문과 시야를 넓히기도 한다. 예전에 이 나라에 와본 적이 있다면 그 전과 후의 경기와 생활 전반, 그리고 물가를 비교해보고 경제가 발전했거나 쇠락했는지 생각해보는 것도 흥미로운 배움이다.

편리한 생활권을 떠나 새로운 곳을 가게 되면 짐이나 지갑 간수 등 모든 것을 스스로 책임져야 한다. 그리고 인도에서는 소고기를 먹지 않고 이슬람 국가에서는 돼지고기를 언급하지 않는 등 현지의 금기도 어기지 말아야 한다. 일본이나 뉴질랜드 같은 좌측통행인 국가에서 길을 건널 때는 먼저 오른쪽을 본 다음 왼쪽에 차가 오는지 보는 등 주의를 기울여야 한다.

단체여행은 편안하면서도 지켜야 할 기본 규칙들이 있다. 예컨대 집합 장소와 시간을 잘 기억해 두어야 전체의 여행 일정에 지장을 주지 않는다. 함께하는 사람들은 각기 다른 배경을 가지고 있으며 연령대도 다양하다. 그중에는 부부, 가족, 동창, 친구 등 작은 단위의 그룹들이 있다. 이들은 각각의 작은 세계를 이루고 있어서 버스 좌석과 식사 자리에도 나름의 암묵적인 규칙이 있다.

활발하고 수다스러운 사람이 있는가 하면 진지하고 과묵한 사람도 있고 사진찍기를 좋아하는 사람과 반대로 쇼핑을 좋아하는 사람이 있다. 짧게는 며칠, 길게는 몇 주에 이르는 기간 동안 어떻게 다양한 사람들과 서로 도우면서 잘 어울릴지 어떻게 새로운 우정을 쌓을지 역시 배움의 과정이다.

여행을 가서 매일 걷는 것도 아주 좋은 운동이 된다.

사람의 심장 질환에 초점을 두고 몇십 년의 계획으로 진행된 대규모 역학 연구 프로젝트인 미국의 '프레이밍햄 심장 연구Framingham heart study'에서 흥미로운 사실을 발견했다. 45세 ~64세의 심장 질환이 없는 여성 749명을 대상으로 20년간의 추적 조사를 진행했는데, 통계적으로 연령, 흡연 여부, 혈압, 콜레스테롤과 당뇨병 등의 관련 변수를 분석한 결과 '휴가를 자주 가지 않는 것'도 심근경색의 위험인자 중 하나로 밝혀진 것이다.

이는 특히 가정주부에게서 가장 뚜렷하게 나타났다. 6년마다 혹은 6년 이상의 간격으로 휴가를 가는 가정주부가 심근경색에 걸릴 확률이 매년 최소 2번 이상 휴가를 가는 사람의 두 배로 나타났다.

이 외에도 심혈관 위험인자를 가진 35~57세의 남성 12,388명을 대상으로 추적 조사를 진행한 결과, 9년 뒤 휴가를 자주 가는 사람이 심혈관질환으로 사망할 확률이 휴가를 자주 가지 않는 사람보다 무려 29%가 낮다는 사실이 밝혀졌다. 연구진은 휴가가 스트레스를 해소해 심장병으로 인해 사망할 위험을 낮춰준다고 추정했다.

여행은 단지 아름다운 풍경을 즐기는 것만이 아니라 알게 모르게 다리 힘을 길러주고 머리도 계속 쓰게 하며 심혈관질환 위험을 낮춰주는 역할을 한다. 시간, 체력 그리고 경제력, 이 삼박자가 맞아떨어진다면 가능한 여행을 많이 하라고 권하고 싶다.

몸과 머리는 바쁘게, 마음은 편안하게

o

일본 영화 〈웃음 대장 할머니〉는 아버지를 잃고 형편이 어려워
지자 시골 외할머니댁으로 보내진 여덟 살배기 남자아이가 할
머니와 함께 가난하지만 행복한 삶을 꾸려가는 이야기다. 가
장 기억에 남는 부분이 있는데, 아이가 다른 친구들처럼 검도
나 유도를 배우고 싶다고 하자 할머니는 손주에게 똑같은 운
동이고 돈도 들지 않는다며 달리기를 배워보라고 말한다. 아
이는 결국 달리기에서 좋은 성적을 거두었고 몸도 더욱 건강
해졌다.

　마찬가지로 노년층에게 있어 많은 돈이 들지 않고 언제
어디서든 혼자서 할 수 있는 운동이 바로 걷기다. 체력이 좋을
때는 친구들과 등산을 하거나 혼자 조깅을 하고 점차 나이가
들면 언덕길, 강가 둑길, 공원 오솔길을 걷는다. 비가 올 때, 너
무 춥거나 더울 때는 대형 쇼핑몰 같은 곳을 거닐어도 좋다. 매

일 전통시장을 들르는 것도 좋은 방법이다. 무엇이든 꾸준하게 걷기만 한다면 건강에 큰 도움이 된다.

걷기가 건강에 미치는 긍정적인 효과는 이미 70년 전부터 밝혀진 사실이다. 1953년에 출간된 의학 학술지 《랜싯Lancet》에 발표된 논문에 따르면 런던 이층버스 기사의 심관상동맥질환 발병률이 자주 걸어 다녀야 하는 버스 안내원보다 높다는 연구 결과가 나온 적도 있다.

이후 많은 의학 문헌에서도 규칙적인 운동이 기분을 좋게 하고 수면의 질을 높여줄 뿐만 아니라 균형감각을 키워주어 덜 넘어지게 한다고 알려져 있다. 고혈압, 당뇨병, 대장암, 유방암, 심혈관질환, 치매, 골다공증 등 만성질환에 걸릴 확률 및 사망률을 낮춰주는 것은 물론이다.

충분한 운동량은 과연 얼마일까? 개인의 연령, 체력 그리고 질병 여부에 따라 각기 다르다. 많을수록 좋다는 게 기본 원칙이지만, 핵심은 무리하지 않고 운동 시간을 지속하는 것이다. 미국 보건복지부가 2018년 '제2차 신체활동 지침'을 발표하면서 성인을 대상으로 장려한 내용을 참조해도 좋겠다.

☑ 매주 최소 150분에서 300분 정도의 중강도 신체활동을 해야 한다.

예) 빠르게 걷기, 배구, 정원 가꾸기 등

☑ 또는 매주 최소 75분에서 150분 정도의 고강도 신체활동을 해야
한다.

예) 조깅, 무거운 물건 들기, 웨이트트레이닝 등

수영과 자전거 타기도 중강도 또는 고강도 신체활동으로
볼 수 있다. 천천히 걷기와 집안일 하기는 저강도 운동에 속하
지만 어쨌든 안 움직이는 것보다는 훨씬 낫다.

대만 국가위생연구원이 2011년 의학 학술지 《랜싯》에 발
표한 8년간의 장기 추적 연구에 따르면, 신체활동을 거의 하
지 않는 사람이 하루 15분이라도 꾸준히 운동하면 사망률이
14% 낮아져 수명 또한 3년 늘어나는 것으로 나타났다.

구체적으로 어떤 운동을 하면 좋을지 모르겠다는 사람
이 있다. 사실 저마다의 취향과 편의성 그리고 경제력에 따라
자신에게 가장 적합한 운동을 선택하면 된다. 운동을 일상생
활의 일부분으로 삼아야 꾸준히 지속할 수 있고 효과도 있다.

2020년에 발표된 한 논문에서 운동의 유형과 사망률의
상관관계에 관한 연구 결과를 보았다. 18세~84세의 미국 성
인 26,727명을 17년간 추적한 연구였는데, 해당 연구에 포함
된 15가지 운동 가운데 '걷기, 유산소 운동, 스트레칭, 근력 운

동, 자전거 타기, 계단 오르기' 등 여섯 가지 운동이 사망률을 7~22% 줄이는 데 효과가 있었다. 이것으로 볼 때 걷기가 얼마나 간단하면서도 효과적인 운동인지 알 수 있다.

걷는 것도 당연히 좋지만 나는 친구들과 함께 산과 들, 또는 교외로 하이킹하는 것이 더 좋다. 자연 속에서 걸으면 멋진 풍경과 예쁜 꽃과 나무를 감상할 수 있으며 신선한 공기와 새들의 노랫소리를 마음껏 즐길 수 있다. 실내 운동보다 스트레스와 불안이 사라지고 기분이 상쾌해진다. 친목을 다질 수 있다는 장점도 있다. 하이킹은 몸과 머리뿐만 아니라 마음까지도 건강하게 만들어준다.

하이킹할 때는 다음 사항만 유의해서 지키면 좋다.

- ☑ 넘어지지 않도록 걸을 때 사진을 찍지 않는다.
- ☑ 미끄럼 방지 신발을 신고 자외선 차단제를 준비해야 하며, 간단하게 우비, 물 그리고 저혈당을 예방하기 위한 약간의 간식을 챙긴다.
- ☑ 비상시를 대비해 신분증이나 건강보험카드를 챙긴다.
- ☑ 무릎이 좋지 않은 사람은 등산 스틱을 사용하면 균형을 잡기 좋다.
- ☑ 되도록 동반자와 함께 가기를 권한다. 다만 많이 다녀본 익숙하고 짧은 코스라면 혼자 사색하며 걷는 것도 나쁘지 않다.

나는 볼일이 있거나, 생필품을 사러 가거나, 아니면 산책을 하러 매일같이 밖에 나가 걷는데, 40분 정도 혹은 5,000보 정도 걷는 것은 거뜬하다. 게다가 매주 한 번씩 친구들과 교외로 나가 한두 시간 정도 하이킹을 하므로 아주 쉽게 기본 운동량을 채운다.

효과적인 걷기 방법

o

젊은이들처럼 배를 띄우거나 험준한 산을 오를 기력도 없고 헬스장에서 근육을 키우는 것도 즐기지 않는다. 대신 산과 물을 좋아하고 소탈하고 편안한 분위기에서 체력 단련하기를 좋아하는 나 같은 노인들에게 가장 좋은 방법은 바로 작은 배낭 하나를 메고 친구 몇 명과 함께 집 근처의 나지막한 산을 하이킹하는 것이다.

대만 곳곳에는 하이킹 코스가 마련되어 있는데 코스마다 난이도와 풍경이 다양하다. 나는 타이베이 와이솽시外雙溪에 위치한 추이산翠山 코스에서 비시碧溪 코스로 이어지는 코스를 가장 좋아한다. 우선 교통이 워낙 편리해 스린士林에서 255번 버스를 타면 약 30분 만에 종점에서 내리는데 종점이 바로 추이산 코스 입구다.

걷기 좋고 변화무쌍한 코스를 따라 걸으며 신선한 공기

를 마시면서 바라보는 경치는 무척 아름답다. 돌바닥, 돌계단 때로는 진흙과 나무 잔도(桟道, 절벽에 만든 길-옮긴이)를 지나 평탄한 길과 오르막, 내리막이 번갈아 나오는 길을 걸으면 마지막에 비시 코스의 반대편으로 나온다. 다시 즈산로至善路 3 구간에서 18번 버스를 타고 스린으로 돌아오면 두 시간 정도가 걸리는 딱 적당하게 기분 좋은 코스다.

아쉽게도 추이산 코스의 비경이 알려지면서 최근 몇 년간 인기 관광지로 떠올랐고 사람들이 몰려들면서 예전의 조용함이 사라졌다. 며칠 동안 비가 내려 흐린 날씨였던 4월의 어느 날, 친구와 함께 추이산 코스에 갔더니 모처럼 아무도 없었다. 어쩌다 몇몇 커플과 혼자 온 여행객을 만나면 서로 가볍게 고개를 끄덕이며 아침 인사를 하고는 각자 조용히 걸으며 시간을 보냈다. 모두가 이 숲을 아끼고 존중하고 있다는 것을 느끼며 새들의 아름다운 노랫소리를 감상했다.

녹음이 우거져 있고 시원한 바람이 부는 짙은 녹색의 세계로 들어서면 분홍색, 주황색, 흰색의 독말풀꽃이 형형색색 아름답게 수놓아져 있다. 옅은 보라색의 작은 좀작살나무꽃도 수줍어하지 않고 자태를 뽐내는데 짙은 초록 이끼 사이에서 돋보이는 모습이 매우 감동적이다.

더 걸어가면 빽빽한 나무 속에서 간간이 보이는 후박나

무의 불그스름한 어린잎이 눈에 띈다. 우연히 우뚝 솟은 나무 고사리도 보았는데 중간쯤에 노란 새순이 말려 들어가 마치 솜털이 보송보송하게 난 물음표 같았다.

옛 사격장을 지나면 왼쪽으로 시야가 탁 트이는 넓은 공간이 나온다. 층층이 낀 구름 아래로 저 멀리 산들이 보인다. 가장 먼저 관인산觀音山과 그 옆의 작은 산 그리고 어웨이산鵝尾山이 이어지는 모습을 보고 있자면 마음이 후련하고 기분이 상쾌해진다.

멀리 있는 산을 보더라도 발아래의 작은 꽃도 놓치지 않는다. 흰색 서양등골나무와 연보라색 쥐꼬리망초는 너무 작고 귀여워서 절로 눈길을 사로잡는다.

오색조가 목탁을 두드리는 듯 나지막이 나무를 쪼는 소리가 들리고 간혹 이름 모를 새의 울음소리가 요란하다. 조용할 때 불어오는 바람 소리가 귓가를 스치고 떨어지는 잎사귀가 마치 가벼운 한숨을 쉬는 것 같다.

물론 봄이 좋지만, 다른 계절도 저마다의 특색이 있다. 빗속을 거닐거나, 찬바람을 맞으며 달리는 것 모두 각기 다른 경치와 즐거움이 있다.

어느 계절에 가더라도 발아래의 나무뿌리가 엉킨 모습을 관찰하고 양쪽의 꽃과 나무들을 보면서 이들의 강인한 생명력을 깨닫게 된다. 귀 기울여 새들이 지저귀는 소리, 바람 소리를 듣는다. 가끔씩 걸음을 멈추고 숨을 몇 번 깊게 들이쉬며 침묵 속의 즐거움과 대지의 포용력을 느끼고, 다시 저 멀리 울창한 산을 바라보면서 마음이 탁 트이는 것을 느낀다.

하이킹을 통해 대자연 속에서 체력 단련, 친목 도모, 기분 전환을 할 수 있을 뿐만 아니라 암이나 치매와 같은 질병을 예방하는 데도 도움이 된다. 산속에서 얻는 자연의 기운이 온몸의 감각을 깨워 어느샌가 우리에게 새로운 생명력을 불어넣는다.

나이 드는 것은 산에 오르는 것과 같다.

숨은 조금 차지만 풍경은 훨씬 아름답다.

-잉그리드 버그만

4장

당신의 뇌가 오래오래
건강하면 좋겠습니다

머리를 많이 쓰고 많이 움직이고

사람을 많이 만날 것

즐거운 식사가 치매를 막는다

。

1년 전쯤 60세 전후의 친구들을 새로 알게 되었다. 그들은 타이베이의 모 대학 동기로 매주 선생님과 다 같이 산책로를 걸으며 건강도 챙기고 우정과 함께 지식도 쌓는다. 최근 그들은 '즐거운 식당'이라는 스마트폰 단체 채팅방을 만들었는데 나도 흔쾌히 들어가게 되었다.

6~8명으로 이루어진 우리 모임은 매주 한 번씩 만났다. 주로 점심때 만났는데 마음껏 먹어도 살찔 걱정이 없었고 각자 가정이 있으므로 저녁에 늦지 않게 집에 갈 수 있기 때문이었다. 장소는 주로 한 사람의 집에 고정적으로 모였다. 집주인은 장소와 커피, 먹을거리를 마련한다. 때에 따라 100~200위안(약 2~3만 원)씩 회비를 걷기도 했다.

집에 모이면 각자 알아서 자기가 맡은 일을 한다. 채소 씻기, 썰기, 볶기, 나르기, 과일 깎기, 디저트 준비, 커피 내리기 등이다. 그리고 다 같이 메인 요리, 국, 샐러드나 밑반찬을 만든다.

최근에는 홍사오러우(紅燒肉, 삼겹살에 간장과 각종 향신료가 들어간 요리-옮긴이)와 함께 원추리목이버섯볶음, 원추리국, 삶은 달걀 그리고 양밍산에서 재배한 고구마를 곁들여 먹었다. 맛있게 식사를 마치고 우리는 식탁에서 소파로 자리를 옮겨 커피를 마시면서 온갖 수다를 떨었다. 이야기 주제는 여행 다녀온 이야기부터 인생 경험까지 다양했다. 한참 수다 중에 한 사람이 내게 물었다.

"치매는 어떻게 예방하죠?

나는 웃으며 대답했다.

"지금 예방하고 있잖아요!"

우리는 모임 전에 먼저 어떤 요리를 해야 건강하면서도 맛있을지 고민하고 장을 본다. 요리를 할 때는 두 손을 바쁘게 사용하면서 계속 움직인다. 식사 후 수다 시간에는 편안함 속에서도 계속해서 머리를 쓴다. 마지막으로 이런 모임 자체가 정서적 친밀감을 높여준다.

물론 치매를 완벽하게 예방할 수는 없지만 의학 문헌에서는 머리를 많이 쓰고 많이 움직이며 집안일을 많이 하고 사람들과 교류를 많이 하면 치매에 걸릴 위험을 낮출 수 있다고 말한다. 우리의 '즐거운 식당' 모임은 이 모든 요소를 포함하고 있으므로 발병 확률을 더욱 낮출 수 있는 것이다.

혼자서 식사하는 사람들이 점점 많아지고 있다. 바쁜 업무로 인해 혼자서 급하게 한 끼 때우는 일도 있지만 어쩔 수 없이 혼자 먹을 수밖에 없는 상황인 경우도 많다. 은퇴한 노인들이 자녀의 결혼과 배우자와의 사별로 집에서 혼자 식사를 하거나 간단하게 외식을 하는 것처럼 말이다.

노년에는 되도록 가족이나 친구, 가깝게 지내는 지인과 함께 식사하는 것을 추천한다. 차려지는 음식이 다양해질 뿐만 아니라 웃고 이야기하면서 서로 음식을 권하고 집어주기도 하면서 식욕이 돋아 자기도 모르게 골고루 많이 먹게 된다. 음식 투정하는 아이도 학교 식사 시간에 다른 아이들이 먹는 모습을 보면 저절로 밥을 먹지 않는가? 이처럼 식욕은 서로 전염되기 마련이다. 함께 식사하는 것도 일종의 사교활동이며 노인에게는 특히 그렇다.

일본의 초고령 농업 산지인 고치현土佐町에 대한 연구를 담은 논문을 읽은 적이 있다. 이 지역은 65세 이상의 인구가 전체 인구의 40%를 차지하는데 총 856명(평균 77세)을 대상으로 설문 조사를 실시한 결과 그중 284명(33.2%)이 늘 혼자 식사한다고 답변했다. 논문에 따르면 가족 혹은 다른 사람과 함께 식사하는 사람에 비해 혼자 식사하는 사람에게 우울 증상이 뚜렷하게 나타났고 삶의 질이 떨어졌으며 음식의 가짓수도 비교적 적었다.

나는 60세부터 70세까지가 인생의 황금기라고 생각한다. 은퇴를 해서 경제적으로 안정되고 자녀들도 독립해서 자유로울 뿐 아니라 신체 능력은 아직 쓸 만해서 여기저기 다니기에도 수월하다.

이때 잘 맞는 친구를 만나 자주 밥을 같이 먹는 루틴을 가지면 좋다. 심신 건강에 도움이 될 뿐만 아니라 함께 늙어갈 친구와 함께이니 치매를 예방하는 가장 즐거운 방법임이 틀림없다.

알츠하이머 검사는 언제 받아야 할까?

◦

언젠가 〈만약 내가 치매라면〉이라는 주제로 강연을 했는데 현장에서 뜨거운 질문 공세가 이어졌다. 한 사람이 내게 물었다.

"미국에 사는 친구가 비용을 내고 검사를 받았는데 앞으로 알츠하이머병에 걸릴 것이라는 말을 듣고 무척 낙담했습니다. 이에 대해 어떻게 생각하시나요?"

이 말만 듣고서는 직접적으로 대답해줄 수 있는 것이 없었다. 친구의 치매 가족력과 현재 증상의 여부, 검사받은 항목에 대해 알지 못했기 때문이다. 하지만 이 질문이 일반인들 사이에서 아주 관심 높은 주제라는 건 알게 되었고 나도 생각해보게 되었다.

'인지기능이 정상인 사람이 앞으로 자신이 알츠하이머병에 걸릴지 아닐지를 검사하는 것이 좋을까?'

치매는 장수 시대의 그림자다. 치매 인구는 65세 이상 인구의 5%를 차지한다. 또 나이가 들면서 80대에는 약 20%, 90 대에는 절반 가까이 는다. 그중에서도 알츠하이머병이 치매의 60% 정도로 가장 흔하다.

알츠하이머병의 5% 정도는 상염색체 우성 양식으로 유전되며 대개 65세 미만의 나이에 일찍 발병한다. 늦게 발병하는 알츠하이머병의 원인은 아직 밝혀지지 않았지만 고령, 낮은 교육 수준, 적은 신체활동, 고혈압, 고지혈증, 중풍 등의 위험인자와 관련이 있다.

알츠하이머병의 정확한 진단을 위해서는 대뇌를 해부해야 한다. 다시 말해 대뇌 조직에 아밀로이드 플라크(베타 아밀로이드)와 신경섬유 덩어리(타우 단백질)가 있는지 봐야 한다. 두 병변은 증상이 나타나기 20~30년 전부터 뇌에 서서히 쌓이기 시작해 뇌세포가 더 이상 정상적인 기능을 유지할 수 없을 때 비로소 치매를 일으킨다. 이 때문에 수년간 전문가와 학자들이 혈액이나 뇌척수액의 아밀로이드나 타우 단백질의 농도, 뇌 포도당과 아밀로이드, 타우 단백질 PET-CT 촬영, 아폴리포단백질 E(Apolipoprotein E, ApoE) 유전자 검사 등을 통해 알츠하이머병의 생체적인 지표를 찾는 데 주력해왔다.

이러한 검사는 학술적 연구 가치가 있고 신약 개발을 위한 효능 평가에도 기여하지만 검사라는 것에는 민감도(질병이 있는 환자 중 검사 결과가 양성으로 나타날 확률-옮긴이)와 특이도(질병이 없는 환자 중 음성으로 나타날 확률-옮긴이)가 있다. 따라서 검사 결과는 단지 발병 확률(고위험군 혹은 저위험군)만 제공할 뿐 향후 알츠하이머병에 걸릴지를 100% 정확하게 진단하거나 예측할 수 없다. 저위험군이라고 해서 반드시 알츠하이머병으로부터 안전하다고 할 수도 없다. 더욱이 현재 알츠하이머병은 완치가 불가능한 데다 발병 전에 예방할 수 있는 약이 현재까지는 없다.

따라서 일반적으로 인지기능이 정상이고 치매 가족력이 없는 사람에게는 단순히 예측을 위한 검사를 권장하지 않는다.

1986년 미국의 데이비드 스노든David Snowdon 박사가 노트르담수녀학교 출신 수녀들을 추적 조사한 '수녀 연구The Nun Study'처럼, 미국에서는 많은 장기 역학 추적연구가 실행되고 있다. 이런 연구는 보통 연구 대상 가운데 약 3분의 1을 차지하는, 생전에 치매를 앓지 않은 노인을 대상으로 사후 대뇌 부검을 진행하고 알츠하이머병의 병리학적 변화를 발견하는 식으로 진행된다.

이에 따르면 노인들의 대뇌에 상당한 양의 아밀로이드 플라크와 신경섬유 덩어리가 있더라도 교육을 받고 머리를 많이 쓰는 등 평소에 인지기능을 많이 사용했다면 치매를 앓지 않을 수 있다. 정말이지 반가운 소식이 아닐 수 없다.

알츠하이머성 치매 관련 분야의 권위지인 《알츠하이머 리서치Current AlzheimerResearch》에 발표된 논문도 이와 같은 내용을 뒷받침한다. 지역사회 주민 가운데 치매를 앓고 있지 않은 노인과 성직자 2,738명을 대상으로 매년 인지기능 검사를 시행해 치매 여부를 평가하고 연구 참가자가 사망할 때까지 18년간 추적 조사를 하였으며 사망 후에는 대뇌 부검을 통해 알츠하이머병이나 중풍 등의 뇌 병변이 있는지 확인했다.

중간 분석에 따르면 치매가 아닌 노인 134명 가운데 37%(50명, 평균 86세)의 대뇌에 알츠하이머 병변이 뚜렷하게 나타났다. 그 노인들은 인지기능에 아무 문제가 없었다. 이는 곧 인지기능을 충분히 사용함으로써 알츠하이머병의 뇌 병변으로 인한 증상을 낮추거나 상쇄할 수 있다는 것을 보여준다. 이처럼 인지기능은 정상이지만 대뇌에는 병변이 있는 불일치 현상은 사람의 대뇌에 일정 수준의 방어력과 회복력이 있다는 것을 의미한다.

해당 논문이 발표되었을 때는 이미 966명의 참가자가 대뇌 부검을 받았다. 분석 결과 대뇌의 방어력은 나이가 들면서 약해지지만 교육 기간(얼마나 오랜 기간 교육을 받았는지)에 따라 강해지기도 하며 사회적 지위와 문해력 그리고 과거의 여가활동 횟수와 정비례한다. 반면 알츠하이머병의 가장 강력한 유전적 위험 인자로 알려진 아폴리포단백질E-4형(ApoE-ε4) 유전자와는 반비례한다. 다시 말해 아폴리포단백질E-4형 유전자를 보유한 사람은 알츠하이머병에 걸릴 확률이 상대적으로 높지만 반드시 걸린다고 할 수는 없다.

더 나아가 모든 관련 인자를 통계 분석한 결과 문해력과 과거의 잦은 여가활동은 대뇌의 방어력과 관련이 있다. 여가활동에는 유년 시절부터 중년 시절까지 꾸준히 할 수 있는 TV 보기, 라디오 듣기, 신문 보기, 잡지 보기, 책 읽기, 게임, 바둑 그리고 박물관 다니기 등이 포함된다.

나는 강연 질문자에게 친구분의 검사 결과와는 별개로 책을 많이 읽고, 머리를 많이 쓰고 여가활동을 많이 하면 알츠하이머병에 걸릴 확률을 낮출 수 있다고 대답했다. 그리고 인지기능을 충분히 사용해야 대뇌의 방어력을 키울 수 있고 그래야 대뇌에 병변이 생기더라도 병증이 나타나지 않고 치매를 예방하려는 목적을 이룰 수 있다고 덧붙였다.

치매를 예방하려면 엄마 말을 들어라

。

친구가 얼마 전 큰 비용을 들여 미국에 있는 유전자 검사 회사에 치매 유전자 분석을 의뢰했다. 안타깝게도 아폴리포단백질E-4형 유전자를 가지고 있어 알츠하이머병 고위험군이라는 사실을 알게 됐다.

그가 내게 말했다.

"앞으로 남은 반평생을 어떻게 살아야 할지 계획을 세워야겠어."

치매를 일으키는 병 중에 알츠하이머병이 가장 흔하다. 발병 원인은 아직 불분명하지만 알츠하이머병의 5% 미만은 상염색체 우성 유전, 즉 유전자 변이에 의한 것이다.

현재까지 알려진 유전자 변이는 아밀로이드 전구단백질(amyloid precursor protein, APP), 프리세닐린1(presenilin1, PSEN1), 프리세닐린2(presenilin2, PSEN2) 등 세 가지다. 만약 부모 중

한 명이 이 유전자를 가지고 있다면 자녀에게 유전될 확률이 50%이고, 나머지 50%는 해당 유전자를 보유하지 않은 자녀가 알츠하이머병에 걸릴 확률로 일반인과 동일하다.

앞서 얘기했지만 알츠하이머병의 가장 강력한 유전적 위험 인자로 밝혀진 아폴리포단백질E(ApoE) 유전자는 2형(ε2), 3형(ε3), 4형(ε4)의 세 종류가 존재한다. 인간의 아폴리포단백질E(ApoE) 유전자는 부모로부터 각각 1개씩, 2개의 대립유전자를 물려받는다.

대다수의 사람들은 두 개의 3형(ε3) 유전자가 있다(ε3/ε3). 만약 둘 중 하나라도 ε4가 있다면(ε3/ε4) 알츠하이머병에 걸릴 확률이 두 개의 3형 유전자가 있는 사람(ε3/ε3)의 두, 세 배가 된다. 만약 부모로부터 ε4를 각각 한 개씩 받으면(ε4/ε4) 확률은 다섯~여덟 배로 증가한다. 반대로 ε2는 발병률이 낮아진다.

이는 단지 확률일 뿐이다. 아폴리포단백질E-4형(ApoE-ε4)을 가진 사람이 알츠하이머병에 걸릴 확률이 상대적으로 높지만 그렇다고 반드시 걸린다는 것은 아니다. 마찬가지로 이 유전자를 가지고 있지 않은 사람이 반드시 알츠하이머병에 걸리지 않는다고 볼 수도 없다. 단지 확률이 비교적 낮을 뿐이다.

누구에게나 기회가 있는 만큼 아폴리포단백질E-4형

(ApoE-ε4형) 유전자가 있든 없든 모두가 알츠하이머병을 예방하고 좋은 생활습관을 유지하도록 노력하는 것이 먼저다.

현재 알츠하이머병은 증상에 대한 치료만 가능하다. 2003년에 개발된 NMDA 길항제$^{NMDA\ Antagonist}$ 이후 신약이 나오지 않고 있다. 기존에 알려졌던 단일클론항체$^{Monoclonal\ Antibodies}$의 신약 임상시험도 치료 효과가 저조해 2019년에 종료됐다.

2019년 7월 《미국의학》 학술지에 게재된 유전자 연구를 보면, 치매를 앓고 있지 않은 196,383명(평균 나이 64세)을 대상으로 추적 조사한 결과 알츠하이머병 유전자가 있는 고위험군이라도 좋은 생활습관을 가지고 있다면 발병률을 32% 낮출 수 있다는 것이 드러났다.

뻔한 말 같지만 좋은 생활습관은 알츠하이머병을 예방하는 가장 좋은 방법이며 이러한 습관을 하루라도 빨리 가질수록 더 좋다.

인간의 뇌는 쓸수록 진화하고 안 쓸수록 퇴화한다. 머리를 쓰는 시간이 많을수록 뇌의 활동이 활발해지고, 알츠하이머병 예방 효과도 높아진다. 책 읽기, 신문 보기, 글 쓰기, 강연 혹은 라디오 청취, 영화 보기, 카드놀이, 스도쿠, 노래 부르기 혹은 악기 연주하기 등은 모두 인지기능을 많이 사용하는 활동이며 다른 병 또한 예방할 수 있는 활동들이다.

운동을 하고 싶다면 부담 갖지 말고 자신이 좋아하고 자신에게 맞는 운동을 찾아 꾸준히 한다. 수영, 하이킹, 태극권 등을 하거나 하루에 최소 40분씩 걷는 것처럼 말이다. 한 번에 40분을 다 채울 필요는 없고 나눠서 조금씩 걸어도 된다는 사실을 잊지 않도록.

정서적으로 안정을 유지하는 것 또한 중요하다. 동호회, 자원봉사 혹은 종교활동에 적극적으로 참여해 사람들과 자주 교류하면 외롭거나 우울하지 않다. 잠도 중요하다. 매일 최소 7시간은 자고 늦게 자거나 밤을 새우지 않음으로써 수면의 질을 높인다.

흔히 말하는 지중해식 식사도 도움이 된다. 채소, 과일, 콩류, 잡곡, 견과류 그리고 올리브오일을 많이 섭취한다. 생선, 유제품, 와인은 적당량, 육류는 소량만 섭취한다. 커피, 녹차, 홍차, 카레, 그리고 다크초콜릿도 음식에 곁들이면 좋다. 이밖에도 평소 지병을 잘 관리하고 치료하는 것도 치매 예방에 필수적이다. 당뇨병, 고혈압 또는 고지혈증이 있다면 매우 신경 써서 관리하고 치료해야 한다.

이러한 방법들이 왠지 매우 익숙하지 않은가? 바로 어릴 때 늘 듣던 어머니의 잔소리와 같다.

"책 많이 읽고 운동하고 사람들과 잘 어울리고 밤새우지 말고 채소 많이 먹고 몸을 잘 챙겨야 한다……."

의학 문헌을 열심히 읽어본 후에야 알츠하이머병을 예방하는 방법이 다름 아닌 엄마 말을 잘 듣는 것이었다는 사실을 깨닫게 된다.

장기간 받은 스트레스의 무서운 결말

。

30년 전 알츠하이머병에 걸린 70대 여성이 퇴원하면서 병실의 이불을 끌어안고 돈을 주고 살 테니 집에 가져가겠다고 고집 부리던 모습이 아직도 인상에 남는다.

그녀의 아들이 내게 물었다.

"어머니께서 시골 옛날집에 사시면서 오랜 기간 노동에 시달린 데다 할머니가 매우 엄해서 고부갈등으로 인한 정신적 스트레스가 크셨거든요. 혹시 그것 때문에 치매에 걸리신 것 아닐까요?"

안타까운 마음이 들었지만 고부갈등이 흔치 않은 일은 아니기에 장기간의 스트레스와 치매는 무관하다고 답했다.

분명 치매의 60%는 알츠하이머병이고 5% 미만이 유전자 돌연변이로 인한 것이다. 정확한 원인이 아직 밝혀지지 않았지만 이미 알려진 위험 인자로는 고령, 낮은 교육수준, 부족한 대뇌 활동, 고혈압, 당뇨병, 고지혈증, 노인 우울증, 아폴리포단백질E-4형(ApoE-ε4) 유전자, 직계가족의 알츠하이머 병력 등이 있다. 그 가운데 정신적 스트레스는 포함되어 있지 않다. 그러나 최근 20년간 정신적 스트레스가 점차 의료계와 대중의 주목을 받게 되었다.

인간은 스트레스를 받게 되면 체내의 두 가지 생리적 체계가 작동한다.

첫째, 뇌간의 교감신경에서 아드레날린이 분비된다. 주로 신체에 해가 되는 급성 스트레스 즉 감염이나 급격한 기온변화 등에 대응하기 위한 것이다. 보통은 누군가와 싸우거나 빠르게 도망갈 때 필요한 생리적 변화가 나타난다.

둘째, 시상하부-뇌하수체-부신축에서 스테로이드가 분비된다. 무대에 올라 강연을 하거나 장기 실업 또는 가정 파탄과 같은 급성과 만성 스트레스에 의해 나타난다.

이때 신체의 여러 체계가 함께 움직인다. 예컨대 심장 박동이 빨라지고 혈압이 높아지며 혈중 백혈구가 필요한 부위로 이동한다. 이처럼 스트레스를 받으면 생리적 체계가 빠르게 반응하고 스트레스가 해소되면 다시 정상으로 돌아간다. 이는 아주 적절하고 이로운 스트레스 반응이다.

그러나 스트레스가 반복적으로 발생하거나 만성으로 변

할 경우 신체의 생리적 체계가 제대로 작동하기 힘들어지거나 장기간 긴장 상태에 놓이게 되면 혈중 스테로이드 농도가 지속적으로 높아지게 된다.

인간의 뇌에는 기억을 관장하는 해마와 감정을 관장하는 편도체의 신경세포가 있는데, 장기적이거나 만성적인 스트레스 상태에서는 신경세포에 있는 스테로이드 수용체가 영향을 받기 때문에 불안, 불면증, 기억력 감퇴 등의 증상이 나타날 수 있다.

많은 동물 실험에서 반복적 또는 만성적 스트레스가 쥐의 해마 수상돌기를 짧게 만들고 시냅스 수를 감소시켜 신경세포의 재생을 억제하며 대뇌에 아밀로이드 플라크와 신경섬유 덩어리가 생기면서 알츠하이머 병변을 발생시킨다는 것이 밝혀졌다. 이밖에도 최근 20년간 많은 역학 연구에서 정신적 스트레스와 알츠하이머병 간에 상관관계가 있음이 밝혀지고 있다.

2010년에 발표된 논문에서 읽었던 것이 기억나는데, 평균 74세의 치매 환자(그중 60%가 알츠하이머병) 1,271명 가운데 78%가 치매 발병 이전에 모두 심한 스트레스를 받았다고 했다. 스트레스의 원인은 비율이 높은 순서대로 중증 질병(수술 등), 가족 문제, 배우자의 사망, 형제나 친구의 사망 등이었다.

반대로 연령과 성별은 비슷하나 치매가 없는 140명으로 이루어진 대조 그룹에서는 55%만이 심각한 스트레스를 받았다. 이에 따라 연구진은 스트레스가 인지기능 감퇴를 유발할 수 있다고 추정했다.

이러한 연구를 통해 스트레스, 특히 만성 스트레스는 치매를 유발할 수 있으며 알츠하이머병의 강력한 위험인자 중 하나라는 것을 알 수 있다. 위험인자가 있다고 해서 반드시 발병하는 것은 아니지만 미리 알면 예방 또는 조절이 가능해진다.

사람마다 스트레스를 감당하는 능력이 다르며 연령, 성별, 유전자, 개인성, 성장배경 등의 영향을 받는다. 그리고 저마다 자신에게 맞는 스트레스 해소법을 찾아낼 수 있다. 운동, 산책, 여행, 맛있는 음식, 노래, 음악감상, 영화나 드라마 감상, 친구와의 수다, 명상 등등 다양하다.

최근에 한 친구가 경증 알츠하이머병 진단을 받았는데 그 친구의 가족들이 내게 혹시 최근 몇 년간 동업자와의 경제적 갈등이 원인이 아닌지 물었다. 이번에는 전혀 관계가 없다고 단언할 수가 없었다.

소녀가 된 할머니의 실체

ㅇ

아는 할머니의 얘기다. 82세로, 중증 치매에 걸린 할머니인데 낮에는 대부분 잠을 자고 저녁에는 오히려 컨디션이 좋아져서 옆에서 자는 간병인을 깨우기 일쑤였다. 간병인은 침대에 누워 있는 할머니가 천장을 바라보면서 누군가와 대화하듯 웅얼거린다며 내게 불안함을 호소했다. 그녀는 '됐어' '좋아' 같은 간단한 몇 마디만 읊조렸는데 할머니의 얼굴에는 늘 미소가 가득했고 때로는 수줍은 표정을 짓는다고 했다.

나는 간병인에게 걱정할 것 없다고 말해주었다. 밤낮이 뒤바뀐 할머니는 저녁이 되면 또 다른 시공간에서 산다. 너무도 생생한 환시증으로 인해 시간의 터널을 지나 저쪽 세계에서는 부모의 사랑을 듬뿍 받는 어린 소녀가 되어 어릴 적 친구들과 신나게 놀았던 것이다.

알츠하이머병의 아밀로이드 플라크와 신경섬유 덩어리가

점점 대뇌를 잠식해서 할머니는 말을 알아듣지도 표현하지도 못하게 되었다. 말수가 적어지니 사람들과의 상호작용도 줄어들고 거기에 거동이 불편하다 보니 외부와 점차 단절될 수밖에 없다. 하지만 내면은 여전히 활발하게 감정과 교감을 원하기 때문에 머릿속에 남아있는 기억으로 생생하고 익숙한 세계를 만들어낸 것이다.

그곳에서 할머니는 활발하고 귀여운 소녀이며 친구들과 공원에서 뛰어놀다 길에서 아이스크림을 파는 소리를 듣고는 얼른 집으로 달려가 어머니께 용돈을 얻어 아이스크림을 사 먹는다. 얼마나 행복할까!

보통의 사람들도 많든 적든 시간의 터널을 왔다 갔다 한다. 예를 들면 '이다음에 커서…….' 혹은 '그때 그 시절에…….' 라고 생각하는 것처럼 말이다. 어린 시절 한 번쯤 이다음에 커서 대학생이 되고 좋은 직장을 얻고 가정을 이루며 안정적이고 만족스러운 삶을 살 것이라는 상상을 해본 적 있지 않은가?

억울한 일을 당하거나 충격을 받았을 때 아무 데도 기댈 곳이 없다면, 어릴 적 부모님에게 사랑받던 장면을 떠올려보면 좋다. '나도 사랑받는 사람이야, 부모님의 보물이라고!'라고 말하던 어린아이로 돌아가면 상처가 서서히 아문다. 일이 뜻대로 풀리지 않거나 남보다 뒤처질 때는 과거의 자신이 얼마나 강하고 유능했는지를 떠올려보라. 매 순간 어려운 관문을 넘었던 기억으로 예전에 해냈으니 지금도 당연히 해낼 수 있다는 자신감이 생기면서 용감하게 앞으로 나아갈 수 있다.

우리는 시간의 터널 말고도 머릿속 세계 또한 늘 왔다 갔다 한다. 어려운 과학책을 읽다가 지치거나 아니면 장시간 컴퓨터를 하거나 논문, 학술지를 읽다가 피곤해지면 나는 거실에서 TV를 틀고 드라마를 보거나 아니면 가볍게 소설이나 에세이를 읽곤 한다. 잠시나마 현실에서 벗어나고자 뇌의 스위치를 바꿔주는 것이다.

인간의 뇌는 긴장과 이완을 반복하고 이성과 감성이 교차하며 때로는 좌뇌 때로는 우뇌만 사용할 때도 있고 양쪽 모두 사용할 때도 있다. 마치 일부 뛰어난 과학자들이 동시에 독실한 기독교인인 것과 같다. 실증적 데이터와 종교신앙은 서로 완전히 다르지만 상충하기보다는 상호보완적인 관계다.

친구가 학교에서 퇴근하는 길에 동료와 그의 아내를 태워 준 적이 있었다. 차 안에서 세 사람이 대화를 나누던 중 친구가 무심코 입을 열었다.

"실험도 하고 논문도 쓰다 보니 머리가 터질 지경이에요. 차라리 주방에서 설거지도 하고 칼질도 하고 바닥도 닦으면서 머리를 쉬고 싶어요. 그러면 다시 일할 때 효율이 훨씬 올라갈 텐데.”

친구가 말을 마치자 차 안이 쥐 죽은 듯 조용해졌다. 동료의 집 앞에 다다르자 동료의 아내는 얼른 차에서 내려 쾅 하고 문을 세게 닫았다. 그리고는 인사 한마디도 없이 곧장 가버렸다.

그제야 친구는 가정주부인 동료의 아내가 자신이 한 말에 화가 났다는 것을 알아차렸다. 집안일을 무시한 것이 아니라 단지 일과 가사는 다른 쪽 뇌를 쓴다는 말을 한 것이었지만 오해를 사기 충분했던 것도 맞다.

치매 환자는 시간의 터널을 지나 다른 쪽 세계에서 살고 있다. 우리도 뇌의 스위치를 바꾸면 치매 환자의 시선에서 바라보고 그들의 세계도 이해할 수 있다.

어린아이들도 아끼는 인형을 살아 있는 것처럼 대하고 애지중지할 뿐만 아니라 귓속말을 속삭이기도 한다. 심지어 자기만 볼 수 있는 가상의 친구로 생각하고 대화를 한다. 부모는 이를 전혀 이상하게 생각하지 않고 성장 과정의 일부분이라고 여긴다. 태어난 지 한두 달밖에 되지 않은 아기가 혼자 침대에 누워 천장을 보면서 방글방글 웃으면 어른들은 ‘삼신할머니가 놀아주나 보다’라고 하질 않나!

나이와 상관없이 사람은 또 다른 시공간에서 자신의 마음이 편안해지고 따뜻해지는 세계를 찾는다. 치매를 앓는 노인도 마찬가지 아니겠는가.

치매가 심각하다면 틀니 사용을 금할 것

○

친구의 어머니는 올해로 92세로 여러 해 동안 치매를 앓고 있어 일상생활을 위해서는 세심한 보살핌이 필요하다. 친구의 말에 따르면 최근 1년간 어머니의 식사량이 너무 적고 아무리 좋아하는 음식을 드려도 한두 입 먹고는 '배부르다' '이미 먹었다' '배가 안 고프다'며 식사를 거부하여 살이 눈에 띄게 빠졌다고 한다.

자식들이 바라는 건 오직 어머니가 조금이라도 더 드시는 것이었기에 온갖 방법을 동원해서 달래보고 고향 음식을 대령하고 예전 단골집에도 데려갔지만 전부 소용이 없었다.

친구는 고령의 어머니가 영양실조에 걸리거나 생명이 위독해질까 걱정되어 코에 호스를 꽂아 음식물을 주입하는 것까지 고려했다. 하지만 어머니가 분명 원치 않을 것이었다. 결국 친구는 어머니가 겉으로 아파 보이지도 않았기에 그저 치매 환자의 식욕 변화 때문이겠거니 하고 생각할 수밖에 없었다.

그러다 어느 날 어머니의 입안을 닦아주던 중 잇몸에서 피가 나는 것을 발견하고 제대로 살펴보니 우측 아래쪽 부분 틀니의 금속 보철물이 잇몸으로 파고 들어가 있었다. 그제야 예전에 어머니가 자기 전에 직접 부분 틀니를 꺼내 닦았던 기억이 떠올랐다. 그 후로 치매가 심해지면서 틀니 빼는 걸 잊어버린 것이다. 가족들이 아침저녁으로 어머니에게 양치를 해주었지만 아무도 틀니를 해본 적이 없어 어머니 틀니를 매일 꺼내 씻어야 한다는 사실을 알지 못했다.

결국 치과에 모시고 갔고 의사는 단숨에 틀니를 빼냈다. 잇몸에 박힌 보철물 때문에 음식물을 씹을 수 없었거나 씹고 싶지 않았던 것이었는데 치매 때문에 말로 표현하지도 못했던 것이다.

틀니를 뺀 후 어머니는 스스로 음식을 먹기 시작했고 식욕이 아주 좋아졌다. 심지어 양갈비를 양손으로 들고 맛있게 뜯으셨다고 한다. 그렇게 한동안 지내다 보니 어머니의 다시 체중이 돌아왔고 활기찬 모습과 미소를 되찾았다.

이렇게 문제가 해결되었고 친구는 온 가족이 모두 모여 식사를 했는데 너무 편안하고 즐거운 시간이었다며 기뻐했다.

치매에 걸린 노인들은 틀니를 빼는 것을 잊어버리거나 다시 끼우는 걸 잊어버리곤 한다. 그리고 점차 어떻게 끼고 빼는지도 모르게 된다. 심지어 틀니를 꺼내서 손으로 가지고 놀기도 한다. 따라서 가족들이 특별히 주의해야 한다.

치매 증상이 점점 심해지면 합병증이나 예상치 못한 돌발 상황을 예방하기 위해 더 이상 틀니, 특히 부분 틀니는 사용하지 않는 것이 좋다. 미국에서 73세의 파킨슨병을 앓고 있는 남성이 부분 틀니가 빠져서 실수로 삼켜버렸는데 틀니가 목에 걸려 인후통과 호흡곤란을 일으킨 사례가 있었다.

만약 틀니가 없어 음식을 씹기 불편하다면 부드럽고 소화가 잘되는 음식을 먹으면 된다. 또한 치매 환자에게 충치나 치주질환이 있어 치료가 필요하다면 최대한 경증 치매일 때 빨리 치료를 받아야 치과의사도 훨씬 수월하다.

치매 노인의 체중은 항상 바뀐다. 이미 밥을 먹었는데 안 먹은 줄 알고 또 먹어서 살이 찌는 사람도 있긴 하지만 식욕이 떨어지거나 다른 질병으로 인해 식사량이 줄고 체중이 감소하는 경우가 대부분이다.

식사량이 줄어든 치매 노인에게 우울증이나 위장 질환인 경우를 제외하고는 일반적으로 식욕을 높이기 위해 음식의 색깔과 향을 많이 내고 알록달록한 식기를 사용하고 편안한 식사 환경을 조성하며 어르신이 좋아하는 사람과 함께 식사하도록 하는 등 갖가지 방법을 동원한다. 그러나 식사량을 유지하거나 늘리는 데 있어 가장 중요하다고 할 수 있는 치아 건강은 간과하는 경우가 많다.

'잘 먹는 게 복이다'라는 말이 있다. 맛있는 음식을 먹을 때 치아가 튼튼해야 꼭꼭 씹어서 음식의 맛을 제대로 느낄 수 있고 위가 잘 소화할 수 있게 해주며 영양 상태뿐만 아니라 신체 건강도 유지할 수 있고 만족감을 느낄 수 있다. 맛있는 음식을 먹을 때면 우리 입속에서 열심히 제 소임을 다하고 있는 치아를 잊지 말자.

알츠하이머 환자와 즐겁게 여행하는 법

○

"천 교수님 안녕하세요, 슈즈예요."

"당연히 너인 줄 알지."

타이베이 기차역에서 집합해서 천 교수 부부를 발견하고는 반갑게 다가가 인사를 건넸다. 그는 분명 나를 기억하지 못하겠지만 말이다. 76세인 천 교수의 부인인 장 교수는 나와 같은 동호회 회원이다. 예전에 자주 우리 동호회 모임에 나왔지만 3년 전에 남편이 경증 알츠하이머병 진단을 받은 후로는 잘 나오지 않았다.

우리 동호회에서 '아리산阿里山-일월담日月潭 3일 투어'를 기획했고, 총 22명의 회원들과 지인들이 참여했다. 주최자인 장 교수는 자신도 숨통을 좀 트이겠다며 남편인 천 교수를 데리고 여행에 나선 것이다.

치매 환자가 여행할 수 있을까? 그건 환자의 병세의 경중 여부, 여행지, 일정, 교통수단 그리고 보호자 등에 달려있다.

경증 치매 환자의 인지기능이 비록 감퇴하기는 했어도 일상생활에서 약간의 도움만 있으면 얼마든지 가능하다. 치매 환자는 여전히 아름다운 풍경을 감상할 수 있고 현재의 즐거움을 느낄 수 있다. 다른 사람들과 대화를 하거나 수다를 떨 수 있고(비록 나중에 기억을 못 할 수도 있지만) 심지어 아이처럼 여행에 들뜨기도 한다. 그래서 길을 잃지 않도록 옆에서 늘 동행해줄 사람만 있다면 여행할 수 있다.

여행을 가려거든 친구 여러 명과 함께 가는 게 더 좋다. 이번 여행에서도 국도 휴게소나 관광지의 화장실에서 장 교수가 남자 화장실 밖에서 천 교수를 기다리는 동안 다른 남자분이 대신 그를 지켜봐 주었다.

중증 치매 환자나 합병증으로 환각, 망상 또는 섬망(급성 정신적 혼란으로 통상 몇 시간 또는 며칠 동안 정신이 흐려지고 주의력이 떨어져 기억력이 저하되고, 사람, 장소, 시간을 혼동하고 불안, 초조한 증상이 나타나며, 환시와 망상 등이 나타나고 증상의 호전과 악화를 반복한다) 등의 정신적 문제행동이 있는 치매 환자라면 여행하기에 적합하지 않다. 여행을 즐기지도 못할 뿐더러 동행자를 힘들게 하고 병세가 더욱 나빠질 수 있기 때문이다.

또한 치매 환자는 장거리 비행에도 적합하지 않다. 2017

년 《영국 정신과 학회 저널BJPsych Bulletin》에 실린 보고서를 예로 들면, 알츠하이머병의 전 단계에 해당하는 가벼운 인지장애를 겪는 73세 남성이 스코틀랜드에서 호주로 가는 비행기를 탔다. 그는 비행기에서 내릴 때 갑자기 불안함을 느끼면서 납치를 당하는 것 같은 망상 증상을 보였다. 호주 병원에 입원해서 뇌 MRI와 뇌파 검사 등 각종 검사를 받았지만 새로 발견된 문제는 없었다. 의사는 그의 섬망, 발작 그리고 정신적 문제 행동을 유발하는 요인을 특별히 찾지 못했으나 장거리 비행으로 인한 피로감, 그리고 낯선 환경과 기내 압력의 변화와 크게 관련이 있을 것으로 판단했다.

따라서 치매 환자는 비행시간을 되도록 4시간 이하로 잡고 기내에서 물을 많이 마시되 술은 마시지 않으며 편안한 옷을 입고 안정감을 위해 평소에 익숙한 소지품을 휴대하기를 권한다.

여행하기에 적합한지 확신이 들지 않는다면 우선 차로 한두 시간 또는 반나절 정도의 단거리 여행을 시도해보는 것이 좋다. 그게 가능하다면 조금씩 시간을 늘려 자고 오는 여행까지 늘려보면 된다.

치매 환자와의 여행 시 주의사항은 다음과 같다.

첫째, 중요한 서류는 항상 가지고 다니기. 만일에 대비하기 위해 진단서나 장애증명서를 항상 가지고 다녀야 한다. 둘째, 약은 항상 가지고 다니기. 현재 복용 중인 약은 양을 두 배로 챙겨야 만약 여행 일정이 지연되더라도 약이 부족하지 않을 수 있다.

셋째, 실종 방지 인식표 부착하기. 치매 환자는 실종 방지 팔찌 또는 GPS 장치를 착용하거나 이름과 전화번호를 적은 메모를 항상 지니도록 해야 한다. 경로카드나 건강보험카드 등 아예 목에 걸고 다니는 것도 좋은 방법이다. 이렇게 해야 보호자가 잠깐 고개를 돌리거나 사진을 찍는 사이에 치매 환자가 보이지 않더라도 다시 찾을 수 있다. 특히 경증 치매 환자는 신체 능력이 아직 괜찮기 때문에 더더욱 실종 예방에 신경 써야 한다. 마지막으로 일정을 여유 있게 잡는 것도 중요하다. 일정이 빡빡하지 않아야 하며 충분한 시간을 남겨 두어야 서두르거나 긴장하지 않고 치매 환자의 초조함과 불안함을 유발하지 않을 수 있다.

이번 여행에서 우리는 식사 때 대부분 한 테이블에 여러 음식이 큰 그릇에 담겨 나오는 형태의 식사를 했고 장 교수가 거의 매번 천 교수에게 음식을 덜어주었다. 천 교수도 혼자 먹을 수는 있지만 음식을 고르기 어려워하고 가끔은 뭘 먹었는지를 잊어버려 당혹스러워하기에 대신 그의 앞접시에 덜어주었던 것이다.

　장 교수는 치매 환자에게 단일 선택지를 주면 당황하지 않는다면서 실용적인 방법을 몇 가지 공유했는데 들어보니 꽤 유용했다.

　예를 들면 집 욕실에 치매 환자의 개인 세면도구만 놔두면 알아서 사용한다. 이번 여행에서 숙소 화장실에 샴푸, 린스, 바디워시, 로션 등 작은 병 4개를 놔두었더니 천 교수는 '뭐가 뭔지 모르겠네……' 하며 중얼거렸고 이를 들은 장 교수가 그중 세 개를 빼고 샴푸만 놔두었더니 간단히 문제가 해결됐다.

　치매 환자를 데리고 옷이나 신발을 사러 가면 사이즈만 맞는지 입혀보고 디자인은 대신 골라서 '방금 당신이 좋다고 했던 이 신발, 그리고 이 바지가 제일 잘 어울리는데……'라고 말하면 쉽게 쇼핑을 마칠 수 있다. 치매를 앓는 남편에 대한 장 교수의 마음 씀씀이와 사랑이 담겨 있는 팁이었다.

　치매에 걸린 가족과의 여행은 환자 본인도 현재의 즐거움을 누릴 수 있을 뿐 아니라 동행자에게도 가족애를 느끼고 아름다운 기억을 남길 기회다.

　15년 전 두 언니와 내가 치매에 걸린 92세 어머니를 모시고 일본 후쿠오카로 3일간 자유여행을 갔었는데, 비록 어머니

는 후쿠오카를 타이베이로 착각했지만 그때의 포근하고 따뜻
했던 느낌이 몇 년이 지난 지금까지도 마음속에 문득문득 밀
려든다.

60대가 되어서도 진지하게 공부하며 일하는 사람은

성장을 멈추지 않는다.

–김형석

5장

노년에 더욱 유용한 건강 지식

30년간 노인의 뇌를 치료해온

할머니 의사의 조언

노년의 다이어트, 똑똑한 식습관은?

○

최근 솽허雙和병원의 류원더劉文德 선생을 마주쳤는데 올해 50
세인 그가 눈에 띄게 마른 것을 알아차렸다. 몰라보게 생기 있
고 활기가 넘쳐 보였다. 지난 7년간 90킬로그램에서 64킬로그
램까지 무려 26킬로그램을 감량했고 체지방지수(BMI)도 20.9
가 되었다고 했다.

　"살을 왜 뺐어?" 내가 물었다.

　"꼭 외모 때문만은 아닙니다……." 그가 말했다.

　알고 보니 그가 진료했던 많은 환자에게 수면무호흡증이
있었는데 비만이 바로 이 질환의 위험인자였고 환자들에게 살
을 빼라고 권하면서 자신도 본보기가 되어야겠다고 생각한 것
이었다. 체중감량을 하면 '3고(고혈압, 고지혈증, 고혈당)'와 암 발
병률까지 줄일 수 있으니 감량을 안 할 이유가 없었다.

　"다이어트는 덜 먹고 운동 많이 하면 되지 않아?" 내가

다시 물었다.

"무조건 적게 먹는 방법은 어려워요. 성공하더라도 요요가 오기 쉽고……." 그가 대답했다.

먹더라도 똑똑하게 먹어야 한다고 했다. 뇌를 속임으로써 뇌가 포만감을 느껴 저절로 적게 먹게 되고 결국 목표 체중에 도달한다는 것이다. 류 선생이 알려준 몇 가지 팁들 가운데 두 가지는 나도 할 수 있겠다는 생각이 들었다.

첫 번째는 밥 먹기 30분 전에 먼저 과일이나 과자 등으로 배를 살짝 채우라는 것이었다. 음식이 들어간 지 30분이 지나면 혈당이 올라가서 배고픔을 느끼지 않는다. 이때 식사를 하면 자연스럽게 과식을 안 하게 되고 체내 인슐린도 비교적 안정된다. 식후에 먹을 과일이나 디저트를 식사 30분 전에 먹기만 하면 되는 간단한 방법이다.

어릴 때 어른들이 늘 하던 "밥 먹기 전에 군것질하지 마라, 밥 많이 못 먹는다"라는 말과 완전히 상반되는 팁이다. 이유는 명확하다. 어릴 때는 성장을 위해 밥을 충분히 먹어야 키가 크지만 어른이 된 후에 밥을 지나치게 충분히 먹으면 몸은 그저 가로로만 자라기 때문이다.

둘째, 천천히 꼭꼭 씹어야 한다. 음식물이 구강 내에 오래 머무를수록 뇌는 음식물을 크게 인식하고 포만감을 느껴 결국 많이 먹지 않게 된다. 요즘 사람들은 도시락 하나 먹는 데 10분밖에 걸리지 않던데 그렇게 빨리 먹게 되면 체중이 늘 수밖에 없다.

얼마나 오래 씹어야 할까? 삼각김밥 하나를 먹는다 치면 최소 10분 이상 들여야 한다. 시간을 들이는 방법은 사람마다 다르니 자신에게 맞는 걸 찾길 권한다. 예를 들면 음식을 먹을 때 혀끝에서 느껴지는 감각과 맛에 집중하면서 어떤 조미료가 들어갔는지 떠올려보며 여러 번 씹은 뒤 삼키는 방법, 식사를 할 때 음식이 아닌 다른 데로 주의를 돌리면서 식사 시간을 늘리는 방법도 있다.

마치 서양 사람들이 정찬을 즐길 때 사교활동을 중요시하는 것과 비슷하다고 할 수 있겠다. 그들은 한참 동안 말하다가 겨우 한 입 먹는다. 친구들과 함께 식사할 때는 옛날이야기를 하면서 먹거나 아니면 천천히 음미하면서 꼭꼭 씹어 먹는 게 좋다. 자칫 너무 신나게 말하면서 먹다 보면 자기도 모르게 많이 먹게 되거나 자신이 뭘 먹었는지도 모를 수 있으니 주의하는 것이 좋지만.

평소 혼자 식사할 때는 한 입 먹을 때마다 스마트폰 혹은 잡지나 신문을 보거나 아니면 3분 정도 TV를 시청해도 좋다. 이렇게 식사 시간을 늘리는 것이 전통적인 식사 방법은 아니지만 꽤 효과적인 방법이다.

식사 중 일부를 나중으로 미루는 방법도 있다. 가끔 나는 점심 식사의 일부를 아껴뒀다가 저녁이나 간식으로 먹을 때가 있다. 나중을 위해 지금 먹지 않고 적게 먹었으니 살이 빠질 것이라고 상상을 하는 것도 효과가 있다.

이러한 방법들은 체중감량을 해야 하는 성인에게 참고할 만하지만 대신 균형 잡힌 영양소를 섭취하도록 주의해야 한다. 무엇보다 운동을 병행하여 근육을 강화하는 것이 중요하다. 류 선생이 매일 저녁 탁구를 한 시간씩 한 것처럼 말이다.

사람마다 신체 상황과 생활방식이 다르기 때문에 모두 똑같은 방법을 적용해서는 안 되며 내 몸에 적합한지 잘 따져보고 시도를 거듭하여 자신에게 가장 잘 맞는 방법을 찾아야 한다.

목소리의 젊음을 지키는 방법

o

방송국으로부터 신간에서 발췌한 열 단락 정도의 내용을 직접 읽어달라는 요청을 받았다. 한 단락에 75초 정도만 녹음하면 되는 분량이었다. 그런데 녹음한 걸 틀었을 때 혼자서 의아한 마음이 들었다.

'이게 내 목소리라고? 왜 이렇게 나지막하니 나이 들어 보이지?'

톤이 낮아서 설득력 있게 들릴 수도 있겠지만 나이 들어 보이는 것만은 확실했다. 마흔 살 때, 사고 싶었던 책이 있는지 물어보려고 서점에 전화해본 뒤 나중에 직접 책을 받으러 갔을 때 점원이 이렇게 물은 적이 있었다.

"좀 전에 전화하신 분이 혹시 따님이세요?"

이 말을 듣고 기분이 상당히 좋았다. 그 후로 30년 동안 줄곧 젊은 내 목소리에 자부심을 느꼈었다.

오십이 넘으면 목소리도 노화되기 시작한다. 때로는 얼굴을 보지 않고 목소리만 듣고도 상대방의 나이를 어느 정도 가늠할 수 있다. 물론 목소리의 노화로 인한 불편함보다는 시력과 치아의 노화나 머리가 하얗게 세는 것으로 인한 스트레스가 더 크지만.

사람의 발성과 관련된 기관에는 성대가 있는 후두, 폐와 상부 호흡기, 그리고 안면 근육, 구강, 비강 등의 공명강이 있다.

이 기관들에 병변이 생기면 목소리에 영향을 줄 수 있다. 예를 들어 상부 호흡기에 감염이 발생하면 쉰 목소리가 날 수 있다. 또한 치아가 없으면 말할 때 바람 빠지는 소리가 날 수 있다. 성대결절일 경우 쉿소리가 날 수 있고 안면 신경 마비가 있는 사람은 목소리가 또렷하지 않으며 파킨슨병 환자는 말투가 단조롭고 어눌한 특징이 나타날 수 있다.

이렇듯 질병에 의한 경우를 제외하고는 노인이 되어 목소리가 변하는 건 노화로 인한 것일 가능성이 크다. 목소리가 작아지거나 음성이 낮아지고 쉰 목소리 또는 떨림이 생기며 목소리를 오래 낼 수 없고 음색이 단조로워진다. 그리고 시끄러운 환경에서는 목소리가 더 잘 들리지 않는다. 가끔 노인들이 '원래 나는 합창단에서 고음 파트를 맡았었는데 지금은 저음 파트로 바뀌었어요'라고 말하는 경우가 이런 이유에서다.

성대는 두 개의 주름진 점막으로 이루어져 있는데 점막의 주름은 다시 상피층, 고유층 그리고 근육층으로 이루어져 있다. 성대가 노화되면 고유층의 탄력이 떨어지고 근육이 수축하여 성대가 얇아지고 딱딱해진다. 그래서 발성 시 성대를 완전히 닫지 못해 노인성 후두가 나타난다.

해외의 한 역학연구에 따르면 약 10%의 노인이 노인성 후두로 고통받고 있다. 게다가 청력까지 퇴화하여 사교활동을 꺼리게 되고 우울해지기 쉬우며 결국 삶의 질이 떨어진다. 따라서 심한 경우에는 전문적인 언어치료를 받거나 후두과 진료를 받고 성대에 주사 등의 약물치료를 받는 것을 권한다.

그러나 나이가 들면 노인성 후두 여부와 상관없이 평소에도 항상 목소리 건강에 신경 써야 한다. 우선 물을 자주 마셔서 목구멍의 점막이 촉촉함을 유지할 수 있도록 한다. 또한 담배를 줄인다. 담배는 목을 건조하게 만들고 뜨거운 연기는 성대를 다치게 한다. 매운 음식도 피하는 것이 좋다. 특히 역류성 식도염이 있는 사람은 위산이 오랜 시간 인후를 자극해 건조하게 만들고 목을 쉬게 만든다.

크게 고함을 치지 않는 것도 중요한 습관이다. 성대를 과도하게 사용하면 안 된다. 만약 큰 소리로 말하는 직업을 가졌다면 한 시간마다 5분씩 휴식을 취해야 한다. 감기에 걸렸다면 더욱 성대를 쉬게 하고 말을 줄인다.

마지막으로 매일 10분에서 15분 정도 큰 소리로 책을 읽거나 매주 최소 한 번은 노래를 부른다. 성대와 후두의 근육은 신체의 다른 근육과 마찬가지로 단련을 해야 강해진다. 가수들이 나이가 들어도 성대가 노화되지 않는 이유가 어쩌면 오랜 시간 성대를 훈련해온 것과 관련이 있을 수 있다.

미국의 유명 가수 앤디 윌리암스가 대만에서 콘서트를 했을 당시 79세의 고령이었음에도 목소리가 여전히 부드럽고 듣기 좋았던 것을 보면 아무래도 신빙성이 있다.

만약 파킨슨병에 걸린다면

○

예전에 한 여성단체 모임에 갔을 때의 일이다. 60대 초반의 우아한 여성분이 발언할 차례가 되었다. 그녀는 파킨슨병을 앓고 있었는데 몇 년 전의 일을 이야기했다. 남편과 함께 볼일이 있어 어떤 기관에 갔다가 여직원에게 예기치 않은 말을 들었다고 했다. 남편이 자신을 부축해서 자리에 앉히고 나가자마자 "남편분이 선생님을 정말 많이 사랑하시나 봐요!"라고 한 것이다.

"왜요?" 그녀가 물었다.

그러자 여직원이 대답했다.

"이렇게 아프셔서 거동이 불편하신 분을 직접 데리고 나오시잖아요."

그 말을 듣자마자 그녀는 마음이 쿵 내려앉았다. 남의 눈에 자신이 '아파서 거동이 불편한 사람'으로만 비쳤다는 사실이 가슴 아팠다.

이 일로 인해 그녀는 자신이 비록 환자이지만 자립적이고 강인한 이미지를 유지하는 것이 다른 사람에게 존중을 받기 위해 얼마나 중요한지를 깨달았다. 파킨슨병에 걸렸다 해도 여전히 눈부시게 아름다울 권리가 있는 것이다.

그 후로 그녀는 매일 깔끔하게 단장했고 외출할 때면 더욱 신경을 썼다. 그리고 적극적으로 치료에 임해 제시간에 맞춰 꼬박꼬박 약을 먹고 병세에 따라 약을 조절했다. 매일 집에서 간단한 운동을 하며 재활에 힘쓰는 모범 환자가 되고자 노력했다.

그녀는 모두를 바라보며 거동이 불편한 이유는 병 때문이지만 병에 걸린 것이 절대 부끄러운 것이 아니며 환자에게 필요한 것은 누군가의 도움이지 연민이 아니라고 말했다.

파킨슨병은 알츠하이머병 다음으로 흔한 신경퇴행성 질환이다. 파킨슨병은 중뇌에 자리한 흑색질 조직의 신경세포가 퇴화하여 도파민 분비가 점점 줄어들면서 발생한다. 근육이 떨리고 경직되며 행동이 느려지고 균형감각이 나빠지는 등의 증상을 유발한다.

이런 증상은 한쪽 손과 발에서부터 시작해 점차 양측 하지와 신체로 확대된다. 균형감각에 영향을 주므로 보행 보조

기구가 필요하고 일상생활에서 다른 사람의 도움이 필요하다. 그러나 사람마다 병의 진행 속도가 다르며 약물로 억제할 수 있다.

파킨슨병이 운동장애만 일으키는 것은 아니다. 파킨슨병 환자에게 우울감이나 불안한 증상이 나타날 수 있다. 이는 손떨림이나 안면 경직이 생기고 말과 행동이 느려지면서 사람들과의 접촉이나 사교활동을 기피하여 점차 고립되면서 일어나는 문제다.

역학연구에 따르면 60세 이상 노인 중 약 1%가 파킨슨병에 걸리지만 그중 소수는 50세 이전에 발병한 것으로 나타났다. 미국의 영화배우 마이클 J. 폭스는 심지어 30세 때 파킨슨병 진단을 받았다. 파킨슨병은 생각보다 드물지 않으며 누구나 걸릴 수 있다.

파킨슨병은 약물치료가 가능한 첫 번째 신경퇴행성 질환이다. 1960년 초 레보도파(Levodopa, L-dopa)의 치료 효과가 입증되었으며 이후로도 계속 신약이 나오고 있다. 최근 몇 년 동안 시상하부를 자극하는 뇌 심부 자극술이 하나의 치료 방법으로 사용되고 있다.

한 번은 단체 해외여행을 갔는데 그중 한 남자분이 파킨슨병 환자라는 사실을 한눈에 알았다. 동작이 다소 느리고 손이 약간 떨리며 보폭이 작고 몸이 앞으로 쏠려 있었다. 그래도 걸어 다니고 관광지에서 일행을 따라다니는 데 문제가 없었다. 버스를 타고 내리기 쉽도록 앞줄에 앉게끔 배려하는 것 말고는 특별히 신경 써야 하는 부분도 없었다.

하지만 일반인들은 대체로 파킨슨병에 대해 잘 모르고 심지어 각각의 증상을 따로 오해하기도 한다. 예컨대 느린 말 속도, 굼뜬 동작, 떨어진 균형감각, 손 떨림, 부자연스러운 표정 등은 모두 파킨슨병의 일반적인 증상이지 약물 과다나 과음 때문이 아니다.

주변에서 이런 증상이 모두 보인다면 하나의 질병이라는 사실을 유념하고 조심스레 관심을 표하며 적극적으로 치료받을 것을 권유하는 것이 좋다. 상대방에게 어떤 말을 해야 할지 모르겠다면 아무 말도 하지 않아도 괜찮다.

상대방이 상처받을 수 있으므로 절대로 개인적인 의견을 피력하거나 함부로 말하지 않아야 한다. "너처럼 좋은 사람이 어떻게 이런 병에 걸렸을까."라는 말도 그렇다. 병에 걸리는 것은 잘못을 저질러서 벌을 받는 것이 아니며 도덕성이나 품행과도 아무런 관련이 없다. 좋은 사람이든 나쁜 사람이든 누구나 병에 걸릴 수 있다. "넌 병에 걸린 게 아니야, 운동 많이 하고 많이 걸으면 좋아질 거야." 이 또한 얼마나 비현실적이고 무

책임한 말인가.

일반인들이 길이나 식당, 또는 지하철 같은 공공장소에서 파킨슨병 환자(또는 거동이 불편한 사람)를 마주쳤을 때 어떻게 해야 할까?

우리의 눈길은 아주 자연스럽게 환자에게로 향할 것이다. 하지만 슬쩍 본 후에도 계속해서 상대방을 쳐다보거나 귓속 말을 하지 말아야 한다. 만약 상대방에게 도움이 필요하다면 부축을 해주거나 자리를 비켜주는 것(피하는 것은 아니다) 등 제때 적절한 도움을 주는 것은 괜찮다. 때로는 환자를 보통 사람처럼 대하는 것도 그 사람에 대한 존중이다.

실어증과 치매는 다르다

。

어느 식사 자리에서 80세 정도로 보이는 천 씨 부부와 같은 테이블에 앉게 되었는데, 남편은 조용한 성격이었고 부인은 말도 잘하고 밝은 편이었다. 대화를 나누던 중 부인이 일주일 전에 유럽 여행을 다녀온 뒤로 남편의 반응 속도가 느려지고 기억력도 나빠졌다고 했다.

하루는 기차에서 옆자리에 앉은 승객이 자신이 핑둥屛東 출신이라고 했는데 남편이 고개를 돌려 부인에게 옆자리 사람이 이란宜蘭 출신이라고 전달했다. 또 한번은 생년월일을 작성하는 표가 있었는데 갑자기 기억이 안 난다며 펜을 쥐고만 있었다는 것이다.

천 씨는 고혈압 병력이 있지만 시간 맞춰 약을 복용하면서 조절을 잘 해왔고 돌아다니는 데 문제가 없었다. 처음에 부인은 남편이 이제 나이가 들어서 어쩌면 시차 때문에 일시적으로 조절이 잘 안 되는 게 아닌가 생각했지만 상황이 줄곧 나아지지 않았다면서 내게 물었다.

"우리 남편이 혹시 치매인가요? 뇌가 퇴화한 건가요?"

만약 생년월일도 생각나지 않는다면 장기 기억에 문제가 있을 것이다. 반면에 고개 돌리는 순간 핑둥 사람을 이란 사람이라고 했다면 순간 기억과 단기 기억에 문제가 있는 것이다.

순간, 단기 그리고 장기 기억이 동시에 손상되는 것은 치매의 일반적인 증상인 점진적인 기억력 감퇴와는 맞지 않는다. 그리고 증상이 일어난 시점을 정확하게 짚어낼 정도로 짧은 기간 내에 발생했다는 것을 보면 뇌가 퇴화할 때 나타나는 증상이라고 볼 수도 없다.

마침 천 씨의 앞접시에 스테이크가 있길래 그에게 물었다.

"접시에 있는 게 뭐예요?"

그는 잠시 생각하더니 손으로 가리키며 말했다.

"이거 맛있어요."

"스테이크가요?" 내가 다시 물었다.

"네." 그가 기뻐하며 대답했다.

그가 질문에 대한 답을 떠올렸기 때문에 나는 치매가 아닌 실어증으로 보는 게 맞다고 판단했다. 아마도 언어를 이해하고 표현하는 데에 문제가 생겨서 읽고 쓰는 것이 당연히 힘들었을 것이며, 가끔 알아듣지 못하거나 잘못된 표현을 사용하는 것일 가능성이 크다. 특히 명사와 숫자를 표현하는 것을 어려워하기 때문에 평등을 이란으로 잘못 말하고 숫자인 생년월일도 쓰지 못한 것이다. 그리고 '스테이크'라고 말을 못 하고 '이거'라고 바꿔 말한 것이다.

천 씨는 말을 잊어버린 것이 아니라 아는데 말이 안 나오는 것이기 때문에 아마 좌뇌에 국소 병변이 생겼을 것이라고 생각됐다. 식사 자리에서 지나치게 자세히 설명하여 그들을 걱정시키는 것이 적절치 않다고 생각해 나는 이렇게 대답했다.

"남편분께 문제가 있는 것은 분명하지만 퇴화나 시차 문제는 아닙니다. 최대한 빨리 신경과에 가보세요."

이후 MRI 검사를 했더니 아니나 다를까, 좌뇌 측두엽에 허혈성 뇌졸중이 발견되어 약물과 재활 치료를 받은 후 증상이 차츰 호전되고 있다는 소식을 들었다.

천 씨의 사례를 통해 우리는 다음의 두 가지를 알 수 있다. 일반적으로 잘 알려진 중풍의 증상으로는 한쪽 손과 발에 힘이 없거나 입과 눈이 비뚤어지는 것이다. 그러나 사실 중풍은 손상 부위에 따라 여러 가지 증상이 나타날 수 있다. 만약 중풍 부위가 좌뇌 전두엽 혹은 측두엽이라면 실어증 증상이 나타난다. 중풍 부위가 좌측 후두엽이라면 우측 시야결손, 즉 오른쪽 눈이 보이지 않는 증상이 나타난다.

일반인들은 이런 증상을 보고 중풍임을 알아차리지는 못하지만 이상하다는 점은 눈치챌 수 있다. 그러나 이상하다는 걸 안다 해도 원인을 알지는 못하기 때문에 되도록 빨리 병원에 가보는 것이 좋다.

알츠하이머병은 치매의 60%밖에 차지하지 않는다. 알츠하이머병 외에 혈관성 치매와 기타 원인으로 인한 치매가 40%를 차지한다. 일부는 치료 또는 호전될 수 있으므로 의사의 상세 소견과 검사가 필요하다.

병원에 가면 의사가 먼저 환자의 증상을 평가하고 실어증(천 씨와 같은 경우), 우울증, 불안 증세 그리고 정상적인 노화를 제외한 뒤 인지기능검사를 시행해 치매 여부와 중증도를 확진한다. 치매일 경우 실험실 검사(뇌 영상학 검사, 뇌파 검사, 각종 혈액 검사 등)를 하여 어떤 질환으로 인한 치매인지 진단하고 치료가 가능한지 판단한다.

치료가 가능한 치매는 뇌막염, 뇌수종, 양성 뇌종양, 자가면역뇌염, 경뇌막하출혈, 갑상선기능저하증 등이 원인인 경우인데 전체 치매의 10% 미만밖에 안 된다. 환자에게는 매우 중요한 부분이다. 기억력이 안 좋아졌다고 느껴지면 나이가 들어서 혹은 뇌가 퇴화해서 그렇다며 혼자서 온갖 추측을 하지 말고 병원에 가서 제대로 진단을 받는 것이 낫다.

천 씨의 경우 부인이 세심하게 관찰했다가 정확하게 설명을 한 덕분에 의사에게 필요한 단서를 제공할 수 있었고 그 덕에 정확한 진단과 제대로 된 치료를 할 수 있었다.

갑자기 말이 안 나온다면 의심해야 할 병

。

설날 연휴, 오랜만에 친구들과 골프 라운딩을 나갔다. 모두 새해 인사를 주고받는데 두 사람의 표정이 좋지 않았다. 그중 한 친구가 설 다음날 친정에 갔던 이야기를 했다. 여든여덟의 어머니께 용돈을 드렸는데 어머니가 돌아서자마자 용돈을 받은 사실을 기억하지 못했다는 것이다. 그뿐만이 아니었다. 온 가족이 모여 식사를 하는 도중 갈비를 다 먹고 막 디저트를 먹으려는데 어머니가 아무렇지 않은 표정으로 물었다.

"우리 갈비 먹어야 하지 않니?"

친구는 깜짝 놀라 내게 이게 어떻게 된 일인지 물었다.

나는 단기 기억 상실이 심각해 보이고 아마도 어제오늘 일은 아닐 거라고 대답했다. 아니나 다를까 친구는 지난 1년 동안 어머니가 자주 깜박깜박하고 물어본 걸 또 물어볼 때마다 어머니 나이가 많으셔서 그렇다고 생각했다. 친구에게 어머

166

님을 모시고 치매 클리닉이나 기억력 클리닉에 가서 치매 검사를 받아보고 혹시나 다른 질병에 의한 치매라면 그에 맞는 치료를 받아볼 것을 권했다.

그러자 또 다른 친구가 자신의 상황을 털어놓았다.

"이번 설을 어떻게 보냈는지 모르겠어. 어머니가 중풍으로 입원하셨는데 의식불명 상태야. 의사 말로는 뇌색전증이라네."

의식불명이라니 그럼 엄청 심각한 건데…. 친구에게 좀 더 자세하게 설명해보라고 했다.

"설 다음 날 친정으로 가는데 차가 너무 막혀서 오후가 돼서야 도착한 거야. 엄마가 올해 여든아홉이신데 침대에 누워서 우리 부부를 보고도 예전처럼 반겨주시지 않고 아무 말씀도 없으신 채 무표정으로 눈만 이리저리 왔다 갔다 하는 게 엄청 피곤해 보이셨어."

친구가 이어서 말했다.

"그래서 바로 용돈을 드렸는데 받지도 않으시더라고. 남편은 우리가 너무 늦게 와서 어머니가 화나신 것 같다며…. 어쨌든 어머니를 부축해서 일으키려는데 기력이 하나도 없이 '손발에 왜 이렇게 힘이 없지?'라고 하셔서, 남편하고 둘이서 부축해서 겨우 거실로 모셔갔어. 어머니가 왼쪽에 탁자에 올려둔 단팥죽 두 캔을 보시면서 나한테 '저 단팥죽 하나는 네 거다.'

라고 하시더라고."

친구는 그날이 떠오르는 듯 잠시 숨을 고르고는 계속 이야기했다.

"어머니가 너무 피곤하신 것 같아서 다시 방으로 모시고 가서 주무시게 했어. 그런데 이튿날 아침에 어머니가 좀 이상한 거야. 눈은 떴는데 일어나지도 말하지도 못하셔서 바로 구급차를 불렀어. 구급차 대원 말로는 오른쪽 손발에 힘이 없는 걸 봐서 중풍일 수도 있다 하던데 얼른 병원에 모시고 가서 뇌CT를 찍었더니 좌뇌색전증이라고 하더라고."

나는 고개를 끄덕이며 그녀의 이야기에 집중했다.

"입원한 지 6일째 되니까 주치의가 급성 뇌졸중으로 인한 뇌수종 위기는 넘겨서 이제 재활하고 간병만 남았대. 집에 간병할 사람이 마땅치 않으면 요양원에 모실 수도 있어. 근데 아직도 의식이 없으셔."

"의식이 어떻게 없으신데?" 내가 물었다.

"매번 내가 뭘 물어도 '그래' '괜찮다' '이렇게' 같이 짧게 대답하셔. 길게 말할 때도 있는데 상황과 맞지 않게 '밥 먹고 싶다' '세탁하러 가자' '의사 선생님, 감사합니다' 같이 엉뚱한 소리를 해."

들어보니 친구는 실어증을 의식불명으로 잘못 알고 있었

다. 친구의 말처럼 어머니가 동문서답이나 문맥에 맞지 않는 엉뚱한 소리를 한 것은 아마도 말을 알아듣지 못했거나 말로 표현하지 못해서 겨우 몇 글자를 내뱉었을 가능성이 크다. 이는 중풍으로 인해 좌뇌의 언어를 담당하는 영역이 손상된 것이지 의식이 흐려지거나 없는 것이 아니다.

따라서 병세를 설명할 때는 관찰되거나 겪은 증상 또는 현상을 있는 그대로 설명해야 하며 의학 명칭을 스스로 판단한 채 함부로 사용해선 안 된다. 그래야 의사의 진단과 괴리가 생기지 않고 치료 방향을 제대로 파악할 수 있기 때문이다.

친구는 어머니의 병세를 곰곰이 생각해보더니 두 가지가 의심된다고 말했다.

"어머니 세대는 정월 초하루에 약을 안 먹어야 한 해 동안 건강하다고 믿으시잖아. 그래서 한 이틀간 고혈압약하고 심장병약을 드시지 않았대. 이게 중풍과 관련이 있지 않을까?"

친구는 내가 대답할 틈도 없이 계속해서 질문했다.

"설 다음 날 어머니를 보러 갔을 때 이미 중풍이었는데 내가 몰랐던 건 아닐까? 만약 그때 바로 병원에 갔더라면 의사 말대로 중풍 발작이 일어난 지 3시간 이내에 혈전용해제를 맞았더라면 병세가 더 좋아지지 않았을까?"

나는 친구에게 정중히 대답했다.

첫째, 질문이나 궁금한 것이 있다면 주치의에게 직접 물어보는 것이 제일 정확하다. 솔직한 소통은 의사와 환자의 관계에 있어서 가장 기본이며 주변 사람(주변 사람 중에 의사가 있다 해도)의 의견은 단지 선의에 의한 관심에 지나지 않는다.

둘째, 이틀간 약을 먹지 않았다고 반드시 중풍을 일으킨다고 할 수는 없다. 고령, 동맥경화 등의 다른 요인으로 인한 것일 가능성이 크다. 약물을 장기간 복용하여 혈중 농도가 어느 정도로 올라가면 바로 떨어지지 않는다. 물론 그렇다고 약을 중단해도 된다는 말은 아니다. 질병은 언제 어떻게 나빠질지 알 수 없기 때문이다.

셋째, 어머님이 그날 이미 중풍에 걸렸을 수 있지만 일반인이 알아채기는 어렵다. 그래도 뇌졸중 여부를 신속하게 확인하는 FAST 진단법으로 어느 정도 가늠할 수는 있다. Face(안면 마비), Arm(팔 마비), Speech(언어 장애), Time(즉각적인 신고)을 기억해두면 좋다. 만약 어르신이 갑자기 말을 하지 못한다면 이 네 가지를 주의해서 볼 필요가 있다.

넷째, 언어치료 등의 재활 치료를 적극적으로 받는 것이 좋다. 동시에 감염, 욕창, 또는 우울증과 같은 합병증이 발생하지 않도록 주의해야 한다. 이를 위해서는 가족들의 적극적인 참여가 필요하다. 예컨대 어머니와 자주 대화하고 손짓과 같은 신체 언어를 사용하며 응원과 격려를 해주는 것이 큰 도움이 된다.

내 말을 듣고 친구의 마음이 한결 편안해진 듯 보였다. 그런 친구를 보고 내 마음도 한결 편안해졌다.

미각이 사라질 땐
어느 병원에 가야 할까?

◦

5개월 전쯤 꽤 오래 알고 지낸 친구에게서 전화가 왔다. 우리 둘은 같이 골프도 칠 정도로 서로 죽이 잘 맞지만 평소 둘 다 바빠서 자주 연락하고 지내지는 못했다.

친구가 전화기 너머로 말했다.

"나 요즘 미각이 사라진 것 같아. 뭘 먹어도 아무 맛이 안 느껴진 지 벌써 2주나 됐어. 어느 병원으로 가야 할까?"

나는 몇 가지를 물어보며 60세가 넘은 그녀가 그동안 줄곧 건강했고 꾸준히 복용해온 약도 없으며 만성질환도 없다는 사실을 확인하고 다음과 같이 답했다.

"미각은 신경 쪽과 관련이 있으니 우선 신경과를 가서 혹시 심각한 문제가 있는지 확인해봐. 아니면 치과, 이비인후과 그리고 소화기내과에 가서 구강, 목구멍 또는 위장에 문제가 없는지 봐도 되고. 그런데 가끔은 이유를 알 수 없는 경우가 더러 있어."

그 후 친구에게서 다시 연락이 오지 않아 이 일을 잊고 지냈다. 그러다가 2주 전 일본 골프 여행 모임에 갔다가 이 친구를 다시 만나게 되었고 그녀가 눈에 띄게 마른 것을 보고서야 미각 문제가 있었다는 사실이 떠올랐다.

친구는 이미 신경과, 치과, 이비인후과, 소화기내과에 모두 가서 많은 검사를 받았지만 원인을 밝혀내지 못했다. 미각을 잃자 식욕이 완전히 사라져 기분도 우울해지고 3개월 만에 체중이 4킬로그램이나 빠졌다. 가족들을 위해 식사를 준비할 때는 기억에만 의존해서 간을 맞췄다. 다행히 후각은 아무 문제가 없어서 음식의 향이나 가스 냄새는 맡을 수 있었다.

그러다가 그녀의 친구가 건조증에 걸려 류마티스/알레르기내과에서 치료를 받고 있다는 소식을 듣게 되었다. 그녀는 눈이나 입이 건조하다고 느끼는 증상은 없었지만 혹시나 하는 마음에 친구를 따라 병원에 가서 여러 검사를 받았다. 그 결과 뜻밖에도 의사가 그녀에게도 건조증이라는 진단을 내리고 약을 처방해주었다. 그 결과 약효가 나타나면서 한 달 후 다시 맛을 느낄 수 있게 되었고 식욕이 점차 회복되면서 기분도 다시 좋아지기 시작했다.

사람의 미각은 신맛, 단맛, 쓴맛, 짠맛 그리고 감칠맛(화학 조미료 맛)으로 나누어진다. 특이하게도 매운맛은 통각에 속한다. 따라서 친구가 미각을 잃었을 때도 매운맛은 여전히 느낄 수 있었다.

미각 장애는 미각 소실, 미각 감퇴, 미각 왜곡, 환미증(실제로 아무것도 없는데 맛을 느끼는 것)을 포함한다. 미국에서 이뤄진 대규모 조사에 따르면 사람들의 약 5%가 미각 장애를 겪고 있으며 이중 노인의 비율이 상대적으로 높았다. 미각 장애가 비록 생명에 치명적인 질환은 아니지만 삶의 질을 현저하게 떨어뜨리는 것은 사실이다. 원인을 찾지 못하는 경우도 있다.

음식을 섭취하면 침과 음식물이 섞여 미뢰에 접촉하게 되면서 맛을 느낀다. 인간은 7,500~10,000개의 미뢰가 있는데 각각의 미뢰에는 100개의 미각세포가 있고 이 세포가 생성됐다가 사멸하는 주기가 열흘 정도로 짧다. 미각세포는 이렇게 끊임없이 소멸하고 또 생성된다. 또한 미각세포는 혀의 표면뿐만 아니라 구강, 후두 및 식도에도 분포되어 있다.

혀 앞부분의 3분의 2는 7번 뇌신경(안면신경)이 지배하고 뒷부분의 3분의 1은 9번 뇌신경(설인신경)이 지배한다. 후두와 식도에 관여하는 것은 10번 뇌신경(미주신경)이다. 이 세 쌍의 뇌신경이 미각 수용체로부터 정보를 받아 뇌간의 신경핵으로 전달한 뒤 시상과 편도체를 차례로 거쳐 마지막으로 대뇌회와 전두엽에 도달해야 미각을 느낄 수 있다.

이 복잡한 신경전달 과정에서 어느 한 부분에 문제가 생기면 미각이 고장 날 수 있다. 일례로 안면신경마비 환자의 경우 얼굴과 같은 쪽 혀의 미각이 소실될 수 있다. 파킨슨병과 같은 신경퇴행성 질환 역시 미각 감퇴가 일어날 수 있지만 손 떨림 등 질병 자체의 증상이 두드러져 미각 변화는 쉽게 인지하지 못하는 경우가 많다.

신경계통 외에도 미각에 영향을 주는 여러 가지 경우가 있다. 첫째로 약물이 있다. 많은 약물이 미각에 영향을 주는데 항암 약물이 가장 대표적이다. 나 역시 예전에 화학치료 때문에 여러 가지 미각 장애를 경험한 적이 있다. 대부분 약을 끊고 3~6개월 정도가 지나면 저절로 회복된다.

둘째로는 구강 및 후두 부위의 병변이다. 구강 위생습관이 좋지 않아 침 분비량이 줄고 위산이 목구멍으로 역류하는 경우, 또는 국소 방사선치료의 영향을 받은 경우 등이 있다.

그 다음으로는 내과 질환. 당뇨병, 갑상선 기능 저하증, 만성 간염, 신장 질환, 건조증 등이 있다. 건조증(쇼그렌증후군)은 자가면역질환의 일종이며 침샘과 눈물샘의 분비가 감소하여 입과 혀, 그리고 눈이 건조해지는 등의 증상이 나타나고 이에 수반하여 피로와 관절통이 생길 수 있다. 미뢰는 침과 음식물이 섞여야 미각을 느낄 수 있기 때문에 침이 줄어들면 미각이 소실되거나 저하될 수 있다.

나에게 전화를 한 이 친구는 건조증의 일반적인 증상이 나타나지 않고 미각이 소실된 비교적 특이한 케이스라고 볼 수 있다.

친구가 내게 말했다.

"의사가 석 달이나 걸려서 원인을 알아내는 바람에 얼마나 힘들었는지 몰라."

내가 대답했다.

"생각을 바꿔보면 그 시간 동안 몸의 다른 데는 이상이 없다는 것을 알게 되었고 결국엔 제대로 진단해서 치료를 잘 받았으니 진짜 운이 좋은 거지."

골프가 몸을 망칠 수도 있다

○

72세의 류 여사는 매우 활동적이며 하이킹과 골프를 즐긴다. 4개월 전쯤 한참을 걷고 난 이후 그녀는 꼬리뼈가 후끈후끈해지는 것을 느꼈다. 하지만 휴식을 취하고 나니 증상이 사라졌다. 류 여사는 옛날 어른들이 늘 말씀하시던 '애들은 추운 것도 모른다'라는 말을 떠올리며 자신이 운동을 많이 해서 몸이 점점 어린아이처럼 젊어지는 것이 아닌지 생각했다.

하지만 한동안 괜찮다가 다시 오래 걸으면 간헐적으로 절뚝거리는 현상이 나타나기 시작했다. 허리가 시큰하고 꼬리뼈가 후끈하며 두 발바닥에서 시작된 저린 증상이 점점 허벅지를 타고 올라와 마치 땅바닥이 푹신푹신한 것처럼 느껴져 똑바로 서 있을 수조차 없었다. 도저히 계속 걸을 수가 없어 앉아서 몇 분간 쉬었더니 그제야 괜찮아졌다.

신경과 의사가 요추 엑스레이와 MRI 검사를 한 뒤 3, 4,

5번 척추전방전위증 및 요추의 황색인대의 비대로 인한 척추관 협착증이 생겨 척추신경이 짓눌리는 바람에 이런 증상이 나타나는 것이라고 설명했다. 류 여사는 비스테로이드 항염증제를 복용하고 3개월간 재활 치료를 받았다. 상태가 좋아졌다 나빠지기를 반복했지만 전반적으로는 악화하고 있었다.

한 달 정도가 지나고 그녀는 길을 걸을 때 거의 6분마다 앉을 곳을 찾아 쉬어야 했다. 마치 밤 12시에 모든 상황이 변하는 신데렐라가 된 것처럼 정확한 시간에 몸 상태가 변했다. 이런 증상이 지속되자 삶의 질이 크게 낮아지는 바람에 류 여사는 수술 치료를 고민하게 되었다.

그녀는 허리를 다친 적이 없고 척추 교정을 받은 적도 없으며 무거운 물건을 옮기거나 나르는 일도 거의 없다. 그저 하이킹과 골프를 자주 즐겼을 뿐인데 어째서 척추관 협착증이 생긴 걸까? 주요 원인은 두 가지다. 바로 퇴화와 과도한 허리 사용이다.

노년에게 등과 허리 통증은 흔한 일이다. 노인 중 약 15%에게 척추관 협착증이 생긴다. 나이가 들수록 요추는 퇴화하여 추간판 디스크(척추사이원반)의 높이 감소, 관절면의 마모, 황색인대의 비대, 섬유조직의 증식이 일어난다. 이렇게 척추가 앞뒤로 밀려 나가면서 점차 척추관 협착증이 진행되는 것이다.

과도한 허리 사용 역시 주요 원인이다. 류 여사는 지난 30년간 1~2주마다 골프를 쳤고 하루에 72홀(4라운드)까지 친 기록도 있다. 골프는 격렬한 운동이 아니며 동작도 느리고 활동량도 중간 정도밖에 되지 않지만 체력을 키우는 데 좋고 심폐건강에도 충분히 도움이 된다. 공을 치다가 중간중간 걷기도 하면서 푸른 자연환경 속에서 몸과 마음이 편안해지고 친목도모도 할 수 있는 아주 좋은 운동이다.

하지만 골프의 동작은 거의 모든 단계마다 힘을 실어 격하게 허리 회전을 한다. 프로 골프 선수가 빠르게 다운스윙할 때 허리에 실리는 힘은 체중의 8배 이상이다. 허리에 급성 또는 만성 손상을 일으킬 수밖에 없다.

《미국 스포츠 의학 학술지The American Journal of Sports Medicine》에 실린 한 연구에 따르면, 호주의 골프 애호가 588명을 대상으로 추적 조사를 해보니 구력 31년의 평균 58세 남성 473명은 매주 1.7회 라운딩을 하고 구력 21년의 평균 60세 여성 115명은 매주 1.8회 라운딩을 하는 것으로 나타났다. 이들 중 15.8%가 1년 이내에 스포츠 손상을 입었다. 다친 부위는 허리가 가장 많았고 그다음으로 팔꿈치와 팔목, 발과 발목, 팔뚝과 어깨의 순서였다. 또 다른 의학 문헌 자료에 따르면 골프를 치는 사람이 평생 다칠 확률이 25%에서 67%에 이른다.

골프를 처음 배우는 사람은 동작이 익숙하지 않아서 힘을 잘못 주거나 과도하게 주는 경우가 많다. 구력이 있는 사람도 더 잘 치고 싶은 마음에 손목, 팔꿈치, 어깨관절 및 고관절 통증이 생기거나 근육이 땅기고 붓는 등의 증상이 나타난다. 이러한 급성 손상은 휴식을 취하고 얼음찜질하거나 소염진통제를 복용하면 회복된다.

골프를 오래 친 사람이나 프로 선수는 오랜 세월 반복적인 동작을 과도하게 계속해온 탓에 목, 허리, 손 등의 근육 손상 또는 요추 질환을 앓는 경우가 많다.

스무 살에 데뷔한 미국 프로 골퍼 타이거 우즈는 수많은 대회에서 우승하며 이름을 떨쳤고 2019년에는 44세의 나이로 마스터스 대회에서만 다섯 번째 우승컵을 들어 올렸다. 빛나는 성적의 대가로 그는 네 번의 허리 수술 및 여러 번의 무릎 관절 수술을 받은 바 있다.

급성과 만성 스포츠 손상 외에도 골프장에서는 의외의 사고가 일어날 수 있다. 스윙하던 동반자의 클럽에 맞아서 다치거나 잘못 날아오는 공에 맞을 수도 있다. 심하지 않은 경우는 피부가 부어오르는 정도이지만 심한 경우 실명하거나 머리에 외상을 입을 수도 있다. 또 비가 내려 길이 미끄러우면 넘어져서 골절을 입을 수도 있고 카트가 너무 빨리 달려 코너를 돌다 전복될 수도 있으며 심지어는 낙뢰를 맞는 일도 있다. 다행스럽게도 이러한 사고들은 조금만 주의하면 피할 수 있다.

모든 운동은 각각의 장점과 즐거움이 있지만 동시에 신체에 손상을 일으킬 수도 있다. 당연히 장점이 손상의 가능성보다 많아야 사람들이 즐기기 좋다. 골프는 다른 구기 종목보다 비교적 부드러운 운동으로 남녀노소 누구나 쉽게 즐길 수 있다. 다만 적절한 방법으로 자신의 나이와 신체기능에 맞게 즐겨야 하며 문제가 생기면 제때 치료를 받아야 한다. 그래야 비로소 좋아하는 운동을 오랫동안 실컷 할 수 있다.

대상포진이라면 차라리 다행이다

◦

2주 전 73세의 천 여사는 왼쪽 허리가 저릿해 오는 것을 느꼈고 곧이어 바늘로 찌르는 것 같은 통증이 시작되어 너무나 괴로웠다. 반년 전쯤 그녀는 오른쪽 허리 통증에 시달렸는데 우측 신우요관암이라는 진단을 받고 우측 신장과 요관을 절제하는 수술을 받아서 왼쪽 신장만 남아있는 상태다. 혹시 좌측 신우요관에 문제가 생겼거나 암이 전이된 것은 아닌지 걱정했다.

증상이 3일째 이어져서 병원에 갔으나 주치의가 하필 없는 날이어서 응급실에 접수했다. 그녀에게 신우요관암 병력이 있었기 때문에 응급실 의사가 곧바로 초음파 검사를 진행했고 좌측 신장과 수뇨관에 아무 이상이 없는 것을 확인하고 진통제를 처방해주었다. 그러나 진통제를 먹어도 통증이 줄어들지 않았다.

7일째 되던 날 왼쪽 허리에 붉은색 수포가 올라왔고 친구가 신경과에 가보라고 권했다. 딱 봐도 대상포진이었다.

이 사례를 통해 대상포진에 관한 중요한 몇 가지 사실을 알 수 있다. 우선 대상포진은 증상이 완전히 나타난 뒤에는 진단하기 쉽지만 수포가 생기기 전에는 알아차리기 어려우므로 지속적인 관찰이 매우 중요하다.

대상포진에 왜 걸리는 걸까? 어떤 후유증이 있을까? 항바이러스제를 복용해야 할까? 백신의 효과는 어떨까?

많은 사람들이 어릴 때 수두를 앓은 적이 있다. 수두 바이러스는 영구적으로 척수나 뇌신경의 배근 신경절에 잠복해 있다. 점점 나이가 들고 피곤한 상태가 되어 면역력이 저하되는 순간, 수두 바이러스가 급속도로 활성화되어 신경절에서부터 감각신경을 따라 말초신경까지 퍼져 신경통을 일으키고 마지막으로 피부에 도달해 붉은색 수포나 농포(고름이 잡힌 물집)가 생긴다. 일반적으로 몸의 한쪽에만 생기며 뱀 피부라고 불리기도 한다.

여러 신경이 모두 감염될 수 있지만 보통 흉신경, 요척수신경, 삼차신경에 가장 흔하게 감염이 일어난다. 바이러스가 침범한 신경이 분포된 신체 부위에 따라 흉통, 복통, 요통 및 삼차신경통 등의 증상이 나타나는 것이다.

보통 통증이 시작되는 날부터 수포가 생기기까지 약 5일 정도 걸리는데 이 기간 동안 통증을 참고 병원에 가지 않는 사람은 거의 없다. 하지만 붉은 수포가 아직 생기지 않았으므로 의사들이 바로 알아차리지 못하고 협심증, 담낭염 또는 신장 질환으로 알기 쉬우며 나중에 돌이켜보면 사실 불필요했던 검사들을 받는 경우도 흔하다.

대상포진은 나이와 상관없이 나타나는 흔한 질병이지만 50대에게서 가장 흔하게 나타난다. 만약 85세까지 산다면 대상포진에 걸릴 확률이 약 50%라고 볼 수 있다. 면역력 결핍 환자의 경우 발병률이 동년배의 20~100배에 달한다.

대상포진은 2주 뒤에 보통 회복되지만 일부 소수에게서 척수염, 뇌염 또는 뇌졸중 등의 후유증이 나타난다. 그중 가장 흔한 것이 대상포진 후 신경통인데 포진이 사라지고 난 뒤에도 통증이 계속되거나 더욱 심해지며 3개월에서 수년까지 지속되면서 삶의 질을 크게 떨어뜨린다. 환자는 항간질약 또는 항우울제를 복용해 신경통을 조절하기도 한다. 나이가 많은 사람, 초기에 발생한 포진의 범위가 넓고 통증이 심한 사람의 경우 대상포진 후 신경통이 더 쉽게 나타난다.

포진이 생긴 후 72시간 내에 항바이러스제를 먹으면 통증을 낮출 수 있고 포진의 범위도 줄일 수 있다. 만약 특별한 접종 금기사항(면역력 결핍 등)이 있는 것이 아니라면 60세 이상은 대상포진 백신 '조스타박스Zostavax'를 맞는 방법도 있다. 이는 생백신이며 약 50~70%의 면역 효과가 있고 포진 후 신경통 예방 효과도 66%에 달하며 효과는 최소 5년간 유지된다.

천 여사는 대상포진에 효과적으로 대처하기 위해서 연고나 약효가 센 진통제를 복용하는 것 외에도 의사에게 항바이러스제를 처방받았다. 일주일 뒤 통증이 많이 완화되었고 수포도 점차 가라앉아 거의 다 회복했다. 병의 원인을 찾고 이에 맞게 치료를 받고 난 후에야 천 여사는 비로소 안도의 한숨을 내쉬었다.

6장

다가올 세상에 대한 사유

새로운 것에 대한 호기심이

가치 있는 삶을 살게 한다

원격의료의 시대는 언제 올까?

°

코로나19 확산 기간에 큰 병원으로 재검진을 받으러 가야 하는 친구가 있었다. 그의 부인은 감염 확률을 낮추기 위해 차로 병원에 데려다준 뒤 함께 들어가지 않고 차 안에서 기다렸다가 진료받고 나오는 친구를 태워 집으로 돌아갔다.

지난 팬데믹 기간 동안 사람들은 병원 방문에 어려움을 겪었다. 앞으로 각종 원격의료 장비로 환자를 진료할 수 있을까? 환자가 집에서 컴퓨터나 핸드폰으로 의사와 대화할 수 있다면 환자에게 있어 매우 편리하고 시간과 에너지를 절약할 수 있을 뿐만 아니라 외출 시의 여러 위험을 피할 수 있다. 이메일이나 PC나 핸드폰 메신저를 통해 병의 증세를 전달하고 영상과 검사 결과지를 전송하여 의사가 이를 확인한 후 답변하는 것도 원격의료다. 이미 의료계에서 꽤 오랫동안 보편적인 상담 방식이 되어왔다.

미국도 이미 10여 년 전부터 실시간 원격의료를 통해 지도 의사가 현장의 구급대원이 급성 뇌졸중 환자에게 혈전용해제를 투여할 수 있도록 지도하고 있다. 세계 각국에서는 팬데믹을 계기로 실시간 원격의료의 타당성에 관한 논문들이 속속 발표되고 있다. 특히 만성질환 및 노인층 환자에게는 매우 좋은 방법이라 할 수 있다. 미국에서도 이미 여러 건강보험사에서 원격의료를 급여대상으로 포함하였다.

신경과는 각종 신경 검사 및 의사와 환자 간 상호작용의 중요성을 줄곧 강조해왔지만 해외에서 이미 '원격 신경학tele-neurology'이라는 용어가 나타나기 시작했다. 신경학에서는 상세한 문진과 각종 신경 검사, 그리고 감각에 대한 세밀한 검사는 원격으로 진행할 수 없지만 환자의 표정, 동작, 걸음걸이 등은 관찰할 수 있으며 특히 환자와 대화로 문진할 수 있다고 강조한다.

미국 신경학회는 2020년 4월 실시간 원격 방식을 이용해 신경학 검사를 하는 시범 동영상을 선보였다. 같은 해 미국 신경학 저널 《뉴롤로지neurology》에 미국신경학회 원격진료연구팀의 논문 한 편이 실렸다. 내용에 따르면 편두통, 파킨슨병, 중풍, 간질, 치매 등은 원격진료가 가능하며 효과도 실제 진료보다 떨어진다고 할 수 없다.

이렇듯 실시간 원격의료가 환자와 보호자에게는 편리하지만 병원으로서는 다음의 사항을 고려해야 하는 커다란 도전에 직면한다. 무엇보다 설비 및 교육에 투자가 필요하다. 의료기기 설비, 인력배치 및 교육에 많은 비용이 들기 때문이다. 의료진의 협력과 수용도 물론 고려 대상이다.

또한 환자의 원격진료를 지원하는 소프트 및 하드웨어 개발도 필요하다. 특히 컴퓨터나 스마트폰 사용에 익숙하지 않은 노년층을 고려하는 조건이 우선이다. 원격진료에 따른 개인정보보호 및 보안도 이슈가 될 수 있다. 병력자료, 영상자료, 처방전 등 자료의 개인정보보호 및 관련 네트워크 보안 문제를 고려해야 한다.

환자가 병원을 선택할 때 병원까지의 거리와 교통환경을 고려할 필요가 사라지면서 의사, 환자 그리고 의료체계 모두에게 전례 없는 도전이 될 것이다. 최근에 한 젊은 의사가 엑스레이 필름 판독기가 뭔지 모른다고 말하는 것을 들었다. 예전에 의사들이 진료할 때 엑스레이 필름을 판독기에 끼워서 환자들에게 설명하던 때가 있었는데 정말 이제는 기억 속에만 존재하는 일이 되었다.

고령화 사회 원격의료가 또 하나의 대안이 될 수 있다. 현대 의료는 신약과 새로운 의료기술의 연구개발뿐만 아니라 전자의무기록 시스템과 각종 웨어러블 장치의 도입, 인공지능과 영상전송 등의 보조 기술 분야에서 비약적인 발전을 이루었다. 앞으로의 발전에는 엄청나게 가속화되고 있는 초고령화 시대에 중요한 이슈로 대두되고 있는 원격진료가 그 중심에 있을 것이다.

의사는 환자의 마음까지 치료해야 한다

○

은퇴 이후 14년 동안 하루하루를 잘 보내고 건강을 챙기는 것 말고도, 각종 잡지와 신문에 건강 칼럼을 연재하면서 나의 건강하고 자유로운 노년의 삶을 공유하고 의사와 환자를 이어주는 소통의 가교가 되고자 했다.

　의학을 사랑하는 나는 매주 기대를 가득 품고 타이베이 룽쭝병원 신경과의 한 시간짜리 케이스 세미나에 참여했고, 레지던트들의 케이스 발표와 최신 문헌 자료 발표를 들으며 은퇴 이후에도 많은 것을 배울 수 있었다. 놀라운 속도로 발전하는 의학 앞에서 항상 겸손하고 평생 배우는 자세를 가져야 한다는 것을 매번 깨닫는다. 환자들을 위한 새로운 치료법이 생겼다는 사실에 기쁘기도 하면서 젊은 의사들의 말솜씨와 예전의 나와는 비교할 수 없을 만큼 멋진 브리핑 자료와 치밀한 분석에 감탄을 금치 못한다.

의학 지식과 새로운 의료기술이 하루가 다르게 발전하는 상황에서, 의학은 짧게는 5년에서 길게는 10년마다 세대교체가 일어난다. 만약 새로운 지식을 배우려고 노력하지 않는다면 시대의 변화를 따라가지 못하고 뒤처지고 말 것이다.

나는 1970년대에 신경과라는 분야에 들어섰다. 당시 병을 진단하는 방법은 주로 의사가 병증을 파악한 뒤 신경계통에 대해 알고 있는 지식을 조금씩 파헤치며 실마리를 찾아서 진단하고 원인을 찾아내는 것이었다. 그러나 당시에는 치료 가능한 병이 많지 않았고 주로 증상을 치료하는 대증치료를 하거나 병세를 추적하는 것이 다였다. 19세기 미국의 의사 에드워드 트뤼도Edward L. Trudeau가 '우리는 가끔 치료하고 자주 도와주고 언제나 위로한다'라는 명언을 남겼듯이 말이다.

이후 영상의학의 발전으로 진단이 더욱 확실해졌다. 신경과, 신경외과의 발전과 신경 중재 방사선치료를 통해 많은 병을 치료할 수 있게 되었다. 예컨대 허혈성 뇌졸중의 증상이 처음 나타난 후 세 시간이 지나지 않았다면 혈전용해술을 시도해볼 수 있게 되었고 심지어 뇌색전증의 경우에도 혈관을 막고 있는 혈전을 제거할 수 있게 되었다.

신경면역학과 정밀치료의 발전으로 기존에 진단 또는 치료가 불가능했던 많은 질병이 전환점을 맞이했다. 자가면역뇌

염의 경우 혈액이나 뇌척수액의 항체 검사을 거쳐 스테로이드, 혈장교환술 또는 면역글로불린으로 치료할 수 있다.

젊은 의사들은 경험이 많은 의사를 통해서만 배울 수 있었던 신경검사기법 또는 손발 등이 제멋대로 움직이는 무도증과 같은 다양한 신경 증상들도 이제는 인터넷이나 영상자료를 통해 학습할 수 있게 되어 사제관계가 예전만큼 가깝지는 않다. 그러나 배워야 할 의료 지식과 기술들이 갈수록 많이지고 있어 앞으로 인공지능과 경쟁해야 할 수도 있고 날로 업데이트되는 각종 질병의 임상 진료지침을 숙지할 시간이 부족한 경우도 더러 발생한다. 그리고 환자의 모든 정보가 온라인상에 있어 컴퓨터를 사용하는 시간이 점점 많아지고 있다.

최근 랴오 선생이 병원에서 곧 은퇴한다는 말을 듣고 깜짝 놀랐다. 이렇게 젊은데 벌써 예순다섯 살이라니? 다른 의사들도 곧 뒤따라 은퇴할 예정인데 이들은 모두 내 밑에 있던 훌륭한 레지던트들이었다. 시간이 이렇게나 빠르다니! 랴오 선생의 아들이 지금 레지던트라고 하니 그들에게 나는 조상뻘이나 마찬가지다.

시대가 변하고 의료환경이 달라졌기에 신세대와 구세대는 서로를 이해해줄 필요가 있다. 나처럼 오랜 경력을 가진 의사들은 젊은 의사들이 이룬 성과를 부러워하면서도 그들이 부딪혀야 할 미지의 벽이 점점 많아지고 있다는 사실에 마음 아프기도 하다.

　과거의 잣대로 젊은 의사들을 평가하지 말고, 진료 시간 또는 검사 시간보다 컴퓨터로 자료나 영상을 보는 시간이 더 많아진 모습에 감탄하지도 말자고 스스로 다짐했다. 그러면서 젊은 의사들이 현재의 의료 수준으로 과거의 진료 결과를 평가하지 않기를 바란다. 나이 많은 의사들도 계속 배우고 싶지만 단지 그 속도가 느릴 뿐이며 세미나에서 조금 뻔한 질문을 할 수도 있다는 점을 부디 이해해주기를 바란다.

　아무리 세대가 바뀌어도 변하지 않는 것은 모든 의사가 병을 치료하고 동시에 환자와 가족들의 마음도 어루만져주고 싶어한다는 것이다.

무한한 가능성을 지닌 대뇌

o

48년 전 타이베이 의대를 졸업하고 룽쫑병원의 전공의로 일하다가 신경과 분야에 완전히 몸을 담고 특히 치매에 관한 연구에 매진하였다. 그렇게 나는 의사 생활 34년 만에 은퇴했다.

신경과를 선택한 이유는 당시 가장 인기가 없어서 경쟁률이 상대적으로 낮은 데다 이 과의 선배 의사들과 친하게 지냈기 때문이다. 하지만 가장 주된 이유는 공부 잘하는 것 말고는 내게 장점이 아무것도 없어서였다. 그래서 나는 속으로 이렇게 생각했다.

'사람의 뇌는 신비롭고 복잡한 데다 신경해부학 자체도 너무 어려워서 신경과만큼 심오한 학문은 없어. 어차피 내가 이해 못 하면 다른 사람은 더 이해 못 할 거야. 내가 신경학을 제대로 공부하면 환자들을 잘 치료할 수 있지 않을까.'

그때만 해도 CT 검사라는 것이 없고 엑스레이 검사와 뇌파, 뇌척수액 검사 정도밖에 없었다. 그래서 병을 진단할 때는 임상 증상 및 신경해부학적 위치에 따른 신경과 의사의 판단에 달려있었고 셜록 홈스처럼 단서를 하나씩 찾아갈 수밖에 없었다. 따라서 의사의 말이 곧 법이었고 많은 사람들의 존경을 받아왔다.

이후 CT와 MRI 검사가 도입되면서 뇌 부위에 종양이 자라는지 뇌출혈 또는 뇌허혈인지는 촬영 한 번으로 바로 알 수 있게 되었고 이로 인해 신경과 의사가 알고 있는 지식이 점차 대중화가 되었다.

바이오 기술과 신경 유전자학이 잇따라 부상하면서 더욱 정확한 진단이 가능해졌고 신약 개발과 정밀 수술기법을 통해 많은 신경 질환이 치료 가능해졌다. 신경과 의사의 역할은 해당 분야의 전문가에서 응급치료와 만성질환을 케어하는 역할로 점차 변화하고 있다.

인생의 반평생을 신경과 의사로 살다가 59세에 은퇴를 하고 깨달은 바는 다음과 같다. 나이와 관계 없이, 물론 속도에는 차이가 생기겠지만 머리는 열심히 쓸수록 좋아진다는 사실이다. 기능자기공명영상(f-MRI)에 관한 연구에 따르면 노인들 또한 뇌세포를 더 많이 쓸수록 젊은 사람들과 기억력이 거의 같아지는 것으로 나타났다. 이것으로 볼 때 머리를 쓰면 쓸수록 똑똑해져서 이른바 '슈퍼 천재 노인'이 되는 것이 불가능한 일은 아니다. 이는 머리를 많이 쓰고 인지기능을 많이 사용할수록 이후 알츠하이머병에 걸리더라도 치매 증상이 나타나지 않거나 증상 발현을 지연시킬 수 있다는 뜻도 된다.

허혈성 뇌졸중을 회복하기 위해서는 발병 부위의 뇌 신경세포를 재생하는 것이 아니라 주로 바로 옆이나 부근, 심지어 반대쪽 뇌의 신경세포에서 새로운 시냅스를 만들어 새로이 연결하여 죽은 신경세포의 기능을 대체한다. 이처럼 신경망을 재조직하는 것을 바로 대뇌의 가소성이라 한다.

예컨대 좌측 대뇌의 중풍으로 인한 실어증이 회복되는 이유는 우측 대뇌가 대상작용(생체 기관의 일부가 장애를 받거나 없어졌을 때 나머지 부분이 커져서 부족을 보충하거나 다른 기관이 그 기능을 대신하는 일-옮긴이)을 통해 좌뇌의 언어기능을 대체하기 때문이다. 뇌 신경세포의 역할마저 다른 신경세포에 의해 대체되는 것을 보면 이 세상에 대체되지 못할 것이 없다는 생각이 든다.

질병에 걸리는 이유는 선천적 유전자와 후천적 환경의 영향도 있지만, 확실하게 알 수 없는 요인도 있다. 암의 경우 5~10%만이 유전자와 관련이 있다. 생활양식이나 환경 속의 각종 발암물질도 암에 걸릴 위험성을 높인다. 그러나 이러한

요인을 모두 합해도 암과의 관련성을 밝혀낼 수 있는 건 50%
밖에 되지 않는다.

대부분의 암은 발암의 진짜 원인을 찾아내지 못한다. 따
라서 환자들이 자신이 어떻게 암에 걸린 거냐고 물어볼 때면
나는 늘 이렇게 대답했다.

"그저 제비뽑기에 걸린 겁니다."

환자가 자신에게 필요한 진료과목과 의사를 만나는 것도
일종의 복이다. 한 의사가 의학 학술지에 실린 변연계 뇌염에
관한 글을 읽었는데 이튿날 입원한 환자에게서 흔치 않은 변
연계 뇌염을 발견해 운 좋게도 정확한 진단을 할 수 있었다.

어떤 의사는 진료를 보다가 문득 가슴이 불편하다는 것
을 느끼고 심근경색이 의심된다며 동료에게 심장 카테터실에
데려다 달라고 부탁했다. 놀랍게도 카테터실에 도착하자마자
쇼크가 와서 혈압이 떨어지고 맥박이 느려졌다. 응급 처치 후
막힌 심혈관이 곧바로 뚫려서 스텐트 두 개를 삽입하고 건강
을 회복했다. 그는 일주일 후 다시 병원에 재진을 받으러 갔다.

꽃다운 나이에 의외의 사고나 중풍 또는 암으로 사망하
는 경우를 종종 볼 수 있다. 30대 남성이 출장을 가면서 혈압
약을 깜박한 나머지 뇌간 출혈이 일어나거나 60세 남성이 샤
워를 하다가 뇌의 작은 동맥류가 파열되어 의식을 잃는 등의

사고들을 접하다 보면 인생무상이 꼭 남 일 같지만은 않게 느껴진다.

하루하루를 감사하고 소중하게 생각해야 한다. 하고 싶은 일이 있다면 주저하지 말아야 한다. 우리 인생에서 뇌는 무한한 가능성을 지니고 있다.

복용 지침을 지키며 약을 먹나요?

ㅇ

회사 임원인 친구가 지난 일주일간 왼쪽 아래 눈꺼풀이 계속 떨리는 증상이 나타났다고 했다. 입이나 눈이 삐뚤어지거나 왼쪽 뺨에 경련이 일어나는 증상은 없었지만 너무 괴로웠다. 그녀는 최근 일이 너무 바쁜 나머지 초조하고 짜증이 나면서 잠을 제대로 못 자서 그렇다고 생각했다.

신경과에 갔더니 의사가 리보트릴 5일 치를 처방해주면서 매일 잠자기 전 한 알씩 복용하라고 했다. 하지만 약 봉투에 4등급, 즉 4등급 관리 대상 약품이라고 쓰여있는 걸 보고는 왠지 먹기 조심스럽다며 나에게 물었다.

그 말을 듣고 4등급 관리 대상 약품에는 약한 항불안제 또는 진정제 등의 약물이 포함되고 일반적으로 중독되지 않는 약이며 그것도 의사가 5일 치만 처방해주었으니 그냥 안심하고 먹으면 된다고 알려주었다. 그 후 친구는 수면의 질이 개

선되었고 눈꺼풀도 더는 떨리지 않았다.

올해 60세인 지인이 대상포진 후 신경통에 걸려 신경과 의사에게 뉴론틴을 처방받았다. 약 봉투에 이 약이 신경통과 간질을 치료한다고 쓰여 있는 것을 보고 자신은 간질이 아닌 데다 어지럼증, 졸음 등 40여 가지 부작용이 쓰여 있어 도저히 먹을 수가 없었다고 했다.

많은 종류의 약들이 한 가지 약리작용만 있는 것이 아니며 여러 질병을 치료하는 데 쓰인다. 일례로 프로프라놀롤 propranolol은 고혈압, 협심증, 빈맥, 원발성 수전증, 그리고 편두통 예방 등에 사용된다. 동시에 모든 약에는 부작용이 있다. 그중에서도 신경 및 정신질환을 치료하는 약물의 부작용이 특히 더 많다. 각종 부작용이 발생할 확률은 각각 다르며 대체로 심각성이 낮은 편이다. 그리고 약물은 반드시 엄정한 평가를 거쳐 치료 효과가 부작용보다 훨씬 크다는 것이 확인되어야만 출시될 수 있다. 부작용 여부는 사람마다 다르며 복용해봐야 알 수 있다.

따라서 부작용이 걱정되어 복용을 두려워하지 말고 의사의 지침에 따라 적정량을 복용하면 된다. 만약 부작용이 나타나면 경중에 따라 약을 중단할지 바꿀지를 고려하면 된다.

질병에는 저마다의 치료 과정이 있는데 약을 어떻게 쓰느

냐도 하나의 학문이다. 의사의 지침을 따르지 않으면 치료 효과가 좋지 않을 수 있다. 학자들은 의사의 지침을 따르지 않는 환자가 무려 25%에 달하는데 이중 고혈압, 당뇨병, 우울증 등의 만성질환자의 비율이 훨씬 높을 것으로 추정했다.

의사의 지침을 따르지 않는 이유는 여러 가지가 있겠지만 내가 생각한 바는 이렇다. 우선 의사가 약에 대해 충분히 설명할 시간이 부족하다.

'이 약에는 다른 적응증이 있으니 의사가 잘못된 약을 처방했다고 생각하지 마십시오' '약봉지에 기재된 부작용을 읽고 복용을 중단하지 마십시오' '약의 부작용이 일어나지 않을 수도 있습니다', '부작용이 나타나면 조속히 병원으로 가십시오' 등등 의사가 짧은 진료 시간 안에 많은 환자에게 이처럼 상세하게 알려줄 수가 없다. 환자 또한 진료 시간을 길게 끄는 것에 대한 부담이 크고 의사에게 안 좋은 인상을 남길까 싶어 질문하기 어려워할 때가 있다.

일부 환자들은 인터넷에서 질병과 약물에 관한 자료를 찾아보고 의견을 주장하기도 한다. 의학 문헌 자료에 따르면 의사 지침에 따르지 않는 성향과 건강정보 이해능력의 관계는 항상 U자형 곡선을 나타낸다. 다시 말해 건강정보 이해능력이 적당한 수준인 사람은 의사의 지침을 잘 따르지만 건강정보

이해능력이 완전히 낮거나 완전히 높은 사람은 의사 지침을 따르지 않는 성향이 높다는 것이다.

결론은 하나다. 의사와 환자 간의 원활한 소통이 매우 중요하다는 것. 환자가 의사의 지침을 제대로 따르느냐와 치료의 성공 여부는 결국 의사와 환자 간의 상호 신뢰, 진정성, 소통 그리고 열린 마음가짐에 달려 있다.

인터넷 의학지식, 어디까지 믿어야 할까?

。

얼마 전 60대인 친구에게서 인터넷에 올라온 '하지불안증후군이 일찍 사망할 가능성을 39% 높인다'라는 제목의 글을 보내왔다. 이 친구는 몇 해 전 하지불안증후군 진단을 받고 잘 조절해오고 있었다. 하지만 이 정보를 접한 뒤 바짝 긴장한 채로 내게 어떻게 해야 하느냐고 물었다.

성인의 2~5%에게서 하지불안증후군이 나타난다. 통증, 저림 등을 수반하여 매우 고통스러우며 개미가 다리를 기어오르는 것 같은 느낌이 든다. 반드시 두 다리를 움직여야 그 느낌이 사라진다. 저녁에 증상이 심해지며 수면에 지장을 줄 수 있다. 아래 다섯 가지 필수 요건을 충족하면 하지불안증후군을 의심할 수 있다.

첫째, 다리를 움직이지 않으면 안 되는 강한 충동이 일어난다. 둘째, 쉬거나 가만히 있을 때 증상이 심해진다. 셋째, 다리를 움직이면 증상이 완화되거나 사라진다. 넷째, 밤에 증상이 더 심해진다. 다섯째, 발이 붓는 증상이나 관절염, 근육통, 또는 정맥울혈 등의 질환이 없다.

하지불안증후군은 원발성과 속발성으로 나뉘며 뚜렷한 원인이 없는 원발성이 비교적 흔하게 나타난다. 속발성은 신부전 말기, 임신, 철분 결핍성 빈혈 등이 원인이며 철분제를 보충하는 등 증상 완화가 목적인 대증치료 방법을 쓴다.

하지불안증후군은 삶의 질을 크게 떨어뜨리지만 생명에 지장이 없으며 약으로 증상을 효과적으로 조절할 수 있다. 따라서 대개 의사들은 이 질환이 일찍 사망할 위험을 높인다고 생각하지도 않으며 환자에게도 그렇게 말하지 않는다.

그렇다면 나는 친구에게 뭐라고 답을 해줘야 할까? 당연히 정보의 출처가 믿을 만한지 우선 확인해봐야 한다. 이 자료의 출처는 대만에서 나름 유명한 인터넷 블로그에 올라온 것이었으며 하지불안증후군의 네 가지 진단법에 관한 글이었다. 해당 글은 하버드 의대팀이 권위 있는 의학 학술지에 발표한 연구를 인용하여 하지불안증후군 환자가 일반인보다 일찍 사망할 가능성이 39% 높다고 주장했다.

이것을 보고 가장 먼저 든 생각은 이 연구에서 나온 39%라는 비교적 높은 확률은 아마도 말기 신부전증 등 속발성 하지불안증후군 환자에게서 나온 수치일 가능성이 크다는 것이었다.

나는 의학 사이트에서 관련 연구 논문을 열심히 찾아봤지만 '하지불안증후군이 사망률을 높인다'와 같은 주장을 하는 자료는 찾을 수가 없었다. 결국 친구에게 다음과 같은 내용으로 대답했다.

역학연구의 결과는 아무리 미래지향적으로 진행된 대규모 연구라 할지라도 인과관계를 증명할 수 없다. 그리고 집단을 대상으로 통계 산출한 확률이기에 개인에게 직접 적용할 수 없다. 또한 각각의 연구 결과가 너무 다양하고 결론이 상이하므로 언제든지 바뀔 수 있다. 따라서 다른 학자나 연구진의 반복적인 검증을 거쳐야 하고 꽤 많은 시간이 지난 뒤에야 인정받을 수 있다.

마지막으로 의학에 관한 새로운 정보는 알게 되면 좋지만 너무 심각하게 받아들일 필요가 없다. 궁금한 것이 있으면 전문가인 의사에게 물어봐야 한다. 무엇보다 아프면 바로 병원에 가고 평소 건강한 생활습관을 유지하여 암이나 심혈관질환 등의 10대 사망원인을 예방하는 것이 더 중요하다.

인생은 언제나 도전이 필요해

o

일요일 아침 슈퍼마켓에서 신문을 사려고 돈을 내는데 점원이 아주 점잖게 말을 건넸다.

"혹시 댁에 아이들이 있나요? 아이들한테 인터넷으로 신문 보는 방법을 물어보면 굳이 힘들게 나오실 필요 없을 거예요."

나는 웃으며 대답했다.

"저는 종이 신문을 직접 들고 보는 걸 좋아해서요. 개인적으로 신문이 사라지지 않았으면 해요."

오늘 신문에 실린 내 글을 오려서 남기고 싶었다는 말은 차마 하지 못했다.

내가 글을 쓰는 이유가 뭘까? 30년 전 처음 펜을 잡았던 이유는 정확하고 디테일한 의학 지식을 알리기 위해서였다. 예전에는 병원에 외래환자가 많아서 자세하게 상담을 할 시간이 항상 부족했다. 내 딴에는 아주 명확하게 설명했지만 환자는 짧은 시간 안에 완벽히 이해한 것 같지 않았다. 심지어 내가 아무리 입이 닳도록 타일러도 제멋대로 하는 환자들도 있었다.

한 번씩 신문에 올린 의료에 관련된 짧은 글이 훨씬 설득력 있다는 사실을 나중에서야 알게 되었다. 환자들은 나의 글을 읽기만 하는 것이 아니라 행동으로 옮기기까지 했다.

신문에 기고한 글이 점차 많아지자 나의 활동 범위도 점차 넓어졌다. 1989년《중국시보中國時報》의 편집장이 내게 500자 내외의 짧은 칼럼을 비정기적으로 써보지 않겠냐고 제안했다. 내용은 대체로 진료실 또는 병실에서 흔히 볼 수 있는 문제나 사고에 관한 것이었다. 이후 꾸준히 글을 써왔고 1998년 그 글들을 묶어 첫 번째 책을 냈다.

이후로도 온라인, 잡지 할 것 없이 꾸준히 글을 써왔다. 내용은 간단한 건강 지침에서 점차 질병에 관한 소개와 증상, 의료 지식, 의사와 환자의 관계 등 다양하지만 요즘에는 치매와 노화 등에 관한 주제를 중요하게 다루고 있다.

가까운 사람들이 병에 걸려 치료를 받으며 지낸 몇 년간 나의 역할은 의사에서 환자 또는 보호자로 바뀌면서 예전과는 다른 입장에서 의사와 환자의 관계를 바라보게 되면서 새롭게 느낀 바가 있다. 글을 쓰는 목적도 단순히 지식을 전달하려던 것에서 의사와 환자 간의 가교가 되고 싶다는 마음이 더 커졌다. 인생은 언제나 도전이 필요한 법이다.

한 번은 출판사가 신간 발표회를 마련해주었다. 이날 저녁 타이베이에 갑작스러운 폭우가 쏟아졌고 천둥 번개가 내리쳤다. 도시 곳곳이 침수되어 많은 사람이 도중에 돌아갈 수밖에 없었다. 그럼에도 발표회 좌석은 만석이었고 친구들이 반바지를 입거나 신발까지 벗어 던지고 와준 모습을 보고 눈물이 핑 돌 뻔했다. 무대에 오른 관객들의 소중한 이야기들로 현장은 웃음이 끊이지 않았다. 그날 나는 연신 책에 사인을 했다.

60년 전 우리 집은 쌀 가게를 했었는데 언제나 신문을 팔러오는 사람이 있었다. 우리는 좋은 일 하는 셈 치고《연합일보》《중국시보》《중앙일보》이렇게 세 개 주요 신문과 지방신문을 번갈아 가며 구독했다.

당시 초등학교 3학년이었던 나는 매일 하교해서 집에 돌아오면 식탁의 절반을 차지하다시피 한 신문을 펼쳐놓고 엎드린 채로 문화면부터 사회면, 연예면, 나중에는 정치면까지 모두 섭렵했다. 저녁 식사 시간이 되어 어머니가 상을 차리면 나는 그제야 신문을 치우고 잉크로 지저분해진 손을 씻었다.

그때는 신문 기사가 마치 재밌는 소설처럼 느껴져서 매일 방과 후가 너무너무 기다려졌다. 그러다 마음에 드는 글을 찾으면 저녁에 가족들이 다 읽고 나길 기다렸다가 오려서 스크랩북에 옮겨 붙였다. 돌이켜 생각해보면 어릴 때 신문을 보던 습관이 모르는 사이에 훗날 내가 글을 쓰기 위한 자양분이 된 것 같다. 앞으로는 또 어떤 글을 쓰고 어떤 책을 쓰게 될지 알 수 없지만, 한 가지 확실한 건 글을 읽고 또 쓰는 시간은 설레고 기대된다는 사실이다.

옮긴이 박주선

성균관대학교에서 경제학과/국제통상학과를 전공했으며, 이화여자대학교 통역번역
대학원 한중과를 졸업했다. 현재 국제회의 통역사 및 번역집단 실크로드 소속 전문
번역가로 활동하며 다양한 분야의 중국 도서를 우리말로 옮기고 있다.

나답게 나이 드는 즐거움

초판 발행 · 2024년 1월 31일

지은이 · 류슈즈
옮긴이 · 이종원
발행처 · (주)도서출판 길벗
브랜드 · 더퀘스트
출판사 등록일 · 1990년 12월 24일
주소 · 서울시 마포구 월드컵로10길 56(서교동)
대표전화 · 02)332-0931 | **팩스** · 02)323-0586
홈페이지 · www.gilbut.co.kr | **이메일** · gilbut@gilbut.co.kr
대량구매 및 납품 문의 · 02)330-9708

기획 및 책임편집 · 허윤정(rosebud@gilbut.co.kr) | **제작** · 이준호, 손일순, 이진혁
마케팅 · 정경원, 김진영, 김선영, 최명주, 이지현, 류효정 | **유통혁신** · 한준희 | **영업관리** · 김명자, 심선숙 | **독자지원** · 윤정아

디자인 · 책장점 | **CTP 출력 및 인쇄** · 예림인쇄 | **제본** · 예림바인딩

ISBN 979-11-407-0817-8 03190
(길벗 도서번호 040191)

정가 17,000원

독자의 1초까지 아껴주는 정성 길벗출판사

(주)도서출판 길벗 | IT실용, IT/일반 수험서, 경제경영, 인문교양(더퀘스트), 취미실용, 자녀교육 www.gilbut.co.kr
길벗이지톡 | 어학단행본, 어학수험서 www.gilbut.co.kr
길벗스쿨 | 국어학습, 수학학습, 어린이교양, 주니어 어학학습, 교과서 www.gilbutschool.co.kr